Miyuki Lacza

Origami

Falt-Spaß für kleine Hände

CHRISTOPHORUS

Inhalt

7 **Falten macht Spaß**

8 **Material & Technik**

10 **Faltsymbole**

12 Herz & Kleeblatt
14 Kleiner Zoo
18 Katz und Maus
22 Seerosenteich
24 Tulpen
28 Osterhasen
30 Teddybären
34 Giraffen
38 Zirkuslöwen
40 Fledermäuse
42 Käuzchen
46 Halloween
50 Sterne
52 Nikolaus & Glocke
56 Lichter
58 Pinguine

Falten macht Spaß

Origami erfreut sich einer ständig wachsenden Beliebtheit in allen Altersgruppen. Immer mehr Menschen entdecken die traditionelle japanische Papierfaltkunst für sich, wobei inzwischen das Repertoire der klassischen Formen durch eine Vielzahl von aktuellen Figuren ergänzt wird.
Papierfalten macht Spaß und fördert die eigenen Fähigkeiten auf vielfältige Weise. Es kann überall da eingesetzt werden, wo gemeinsame Aktivitäten angesagt sind: in der Familie, im Kindergarten und in der Schule. Und dies ohne hohen Kostenaufwand, denn zum Nacharbeiten der gezeigten Figuren und Objekte braucht man lediglich ein Blatt Papier, dazu manchmal Kleber, Schere und Stifte.

Ich möchte Ihnen und Ihren Kindern in diesem Buch einige meiner Ideen zeigen. Sie werden staunen, was man alles aus einem Blatt Papier falten kann. So finden Sie hier Falt-Ideen rund ums Jahr von Glückskleeblättern zu Neujahr, über Osterhasen und Halloween-Hexen bis hin zu Weihnachtsmännern und Tischlichtern. Die Pinguine, Fledermäuse, Giraffen, Löwen – um nur einige zu nennen – sind aber nicht nur gefaltete Objekte, man kann auch prima mit ihnen spielen. Mit Origami-Modellen lassen sich Fenster und Regale schmücken, Bilder und Mobiles gestalten, Gruß- und Einladungskarten verzieren und vieles mehr.

Wenn die Kinder mit dem Falten beginnen, sollten sie sich an die Anleitungen halten und die Faltsymbole auf Seite 10/11 genau beachten. Jüngere Kinder brauchen dabei erst noch Unterstützung, jedoch entwickelt sich das geometrische und mathematische Verständnis schnell von selbst. Etwas Geduld und Konzentration gehören auf jeden Fall dazu. Manche Figuren verwandeln sich durch wenige Faltschritte zu einer ganz anderen Figur – und fördern so die Vorstellungskraft. Die Kinder begreifen und lernen mit der Zeit, eigene Formen zu gestalten – und genau dies ist mein Ziel: „Weckt, was in Euch steckt!“

Viel Spaß und gutes Gelingen!

Miyuki Lacza

Material & Technik

Material

Im Fachhandel werden *Faltblätter* aus unterschiedlichen Papiersorten angeboten, zum Beispiel von der Buntpapierfabrik Ludwig Bähr:

1. *Faltblätter aus Plakatpapier, intensiv oder superintensiv*, 65 g/qm, quadratisch oder kreisrund
2. *Origami-Faltblätter*, 75 g/qm, einseitig bedruckt
3. *Japanische Origami-Faltblätter*, 70 g/qm, beidseitig unterschiedlich bedruckt
4. *Transparentpapier-Faltblätter*, 42 g/qm
5. *Seidenraupen-Transparentpapier-Faltblätter*, 42 g/qm
6. *Glanzpapier-Faltblätter*, 80 g/qm, ungummiert, einseitig bedruckt
7. *Faltblätter aus Regenbogen-Buntpapier*, 115 g/qm, einseitig bedruckt
8. *Tonpapier-Faltblätter*, 130 g/qm (o. Abb.)

Hinweis: Bei einigen Modellen ist es notwendig, ein größeres Faltpapier kleiner zu schneiden, um das angegebene Maß zu erreichen.

Außerdem ist jedes Papier geeignet, das sich scharf falten lässt, ohne zu reißen. Festes Papier erschwert allerdings das Falten. Bei Quadraten ist es wichtig, dass wie bei den fertigen Faltpapieren alle vier Seiten gleich lang und gerade geschnitten sind.

1

2

3

4

5

6

7

Zur Technik des Faltens

Bitte folgende Grundregeln beachten:

- Für Kinder darf die Faltarbeit nicht zu klein werden, für Anfänger sollte das Papier mindestens 15 x 15 cm groß sein. Geübtere Kinder kommen auch mit kleineren Formaten zurecht.
- Auf einer glatten, festen Fläche falten.
- Gerade und exakt falten.
- Die Faltkante mit dem Zeigefinger nachfahren. Ist sie nicht scharf genug, eventuell mit einem Lineal nachhelfen. Zur besseren Orientierung können die Faltlinien auch leicht vorgezeichnet werden.
- Beim Falten nicht nur den jeweiligen, sondern auch den folgenden Schritt ansehen.
- Die auf Seite 10/11 abgebildeten Faltsymbole beachten, besonders den Hinweis „Figur umdrehen".

Die Figuren gestalten

Die fertigen Tierfiguren sehen lustiger aus, wenn sie Augen und einen Mund haben, die zum Beispiel mit Filz- und Buntstiften aufgemalt werden. Für die Augen eignen sich auch selbstklebende Markierungspunkte in Weiß und Schwarz aus dem Schreibwarengeschäft. Mit einem weißen Korrekturstift aufgesetzte Lichtpunkte lassen die Augen noch lebendiger wirken.

Schwierigkeitsgrade

Bei jedem Motiv ist der Schwierigkeitsgrad der Faltarbeit angegeben. Er bezieht sich nicht auf die Ausgestaltung des Motivs. Bitte beachten Sie, dass Angaben von Schwierigkeitsgraden immer nur richtungsweisend sind. Bei Kindern gleichen Alters können die feinmotorischen Fähigkeiten unterschiedlich entwickelt sein.

*	*leicht*
**	*etwas schwieriger*
***	*erfordert Konzentration*
****	*erfordert mehr Geduld und Konzentration*

Faltsymbole

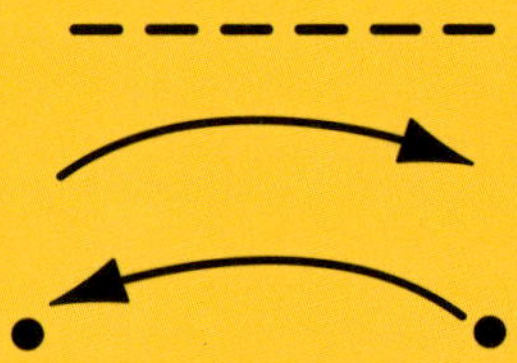

Talfalte (nach vorn falten)

Pfeil bei Talfalten

Punkt auf Punkt falten

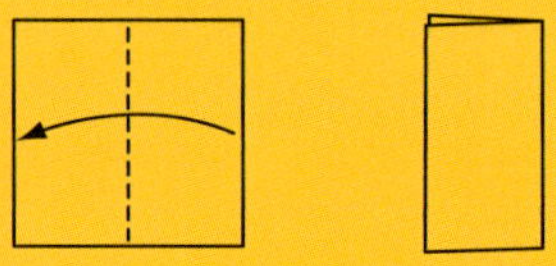

Bergfalte (nach hinten falten)

Pfeile bei Bergfalten

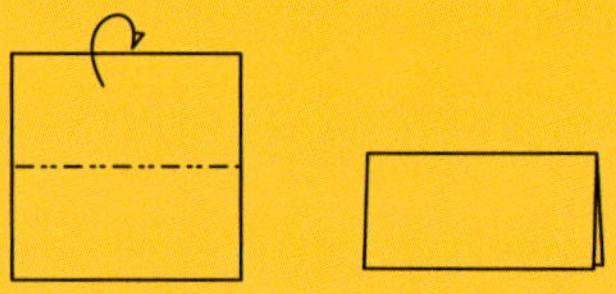

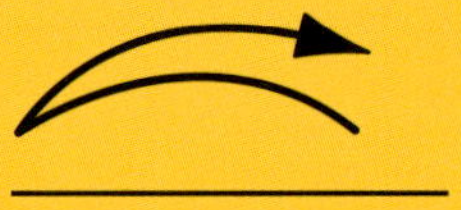

Falten und wieder entfalten

Vorhandene Falte

Zickzack falten

Einstecken

Herausziehen, aufklappen

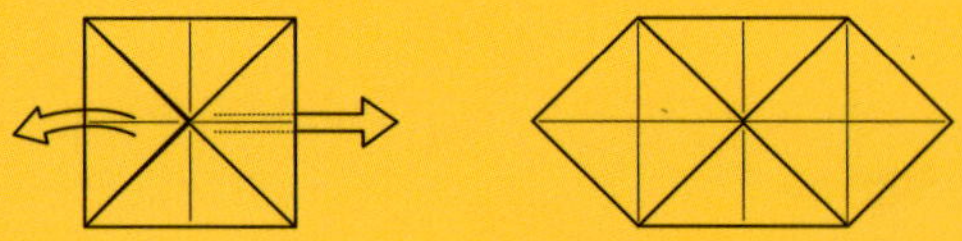

Vergrößerte Ansicht

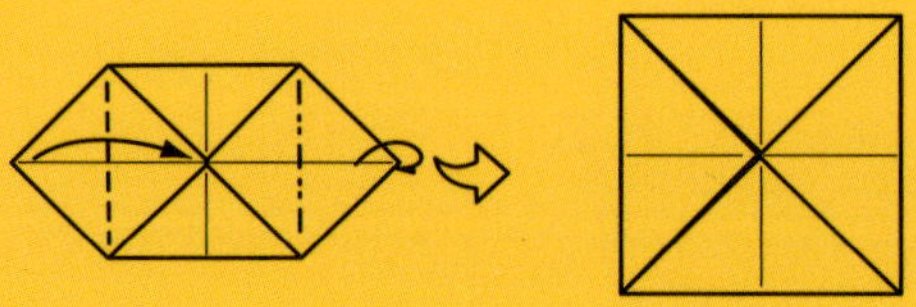

Pressen

Faltung öffnen

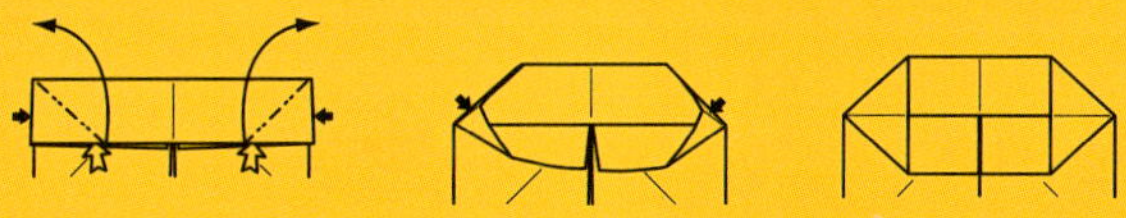

Figur umdrehen

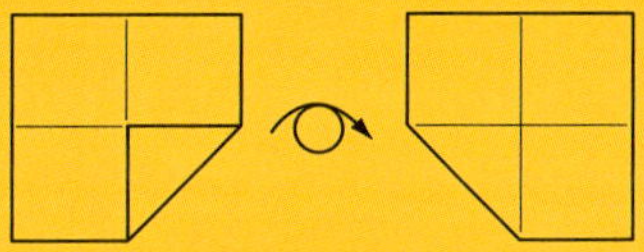

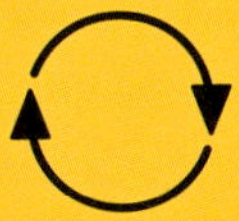

Figur drehen

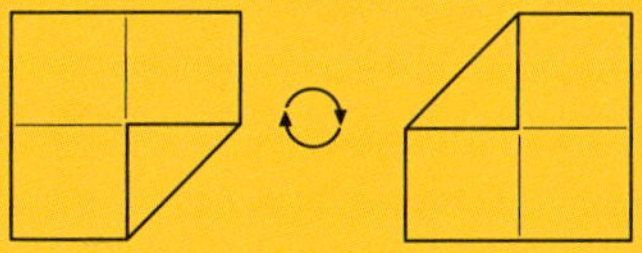

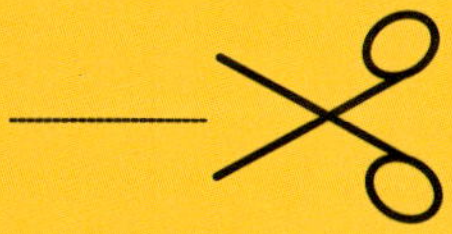

Schneiden

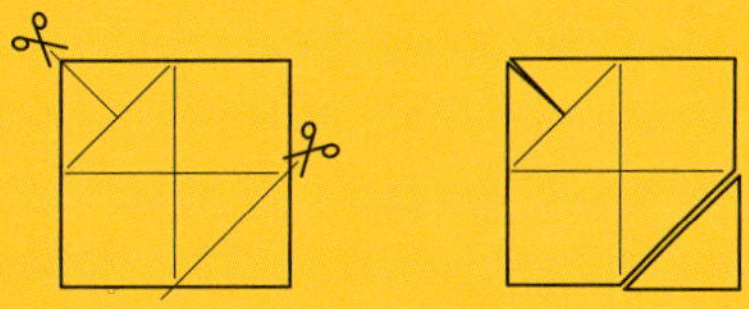

Kleben

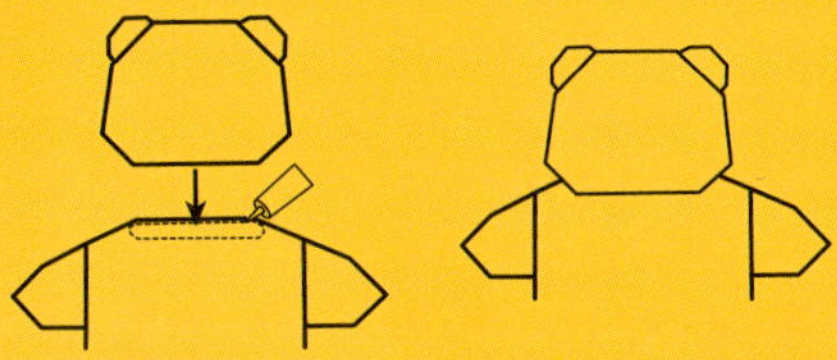

Pusten

Herz & Kleeblatt

Material

Herzen

- Faltblatt aus Plakatpapier, intensiv, in Rot, 20 x 20 cm
- Faltblatt aus Plakatpapier, intensiv, in Rosa, 15 x 15 cm
- Faltblätter aus Plakatpapier, intensiv, in Rot, Rosa, 10 x 10 cm
- Faltblatt aus Plakatpapier, superintensiv, in Rot, 15 x 15 cm

Kleeblätter

- Je 4 Faltblätter aus Plakatpapier, superintensiv, in Grün, 10 x 10 cm
- Klebstoff

Schwierigkeitsgrad

*

Tipp

Die Herzen und Kleeblätter als Geschenkaufleger oder zum Verzieren von Grußkarten verwenden.

Herz

1 *Rückseite liegt oben.*

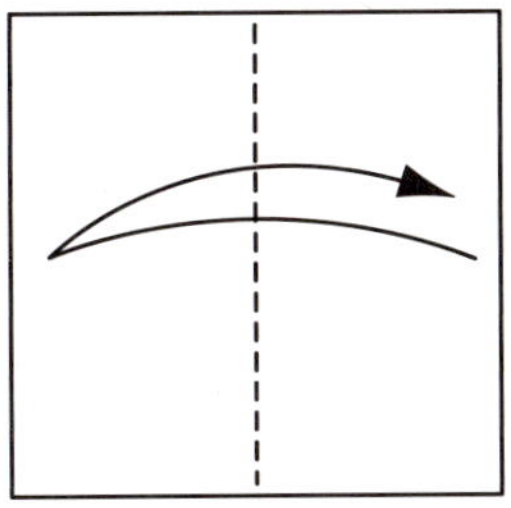

2

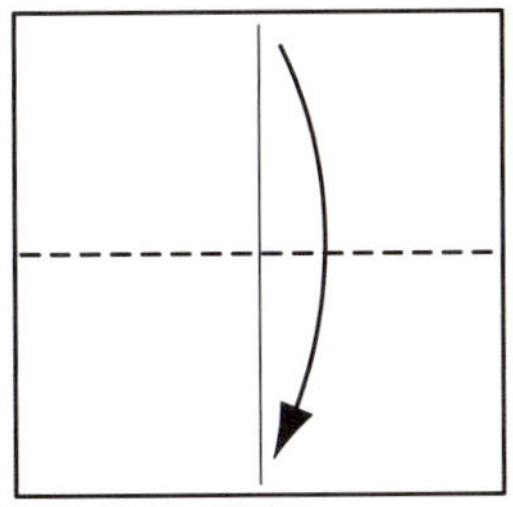

3

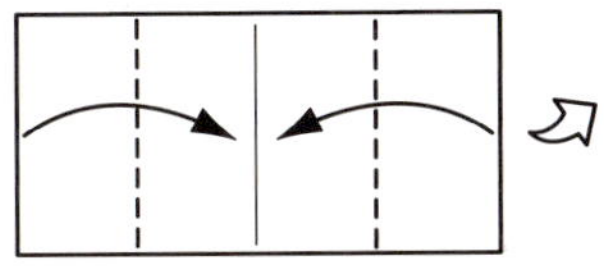

4

5

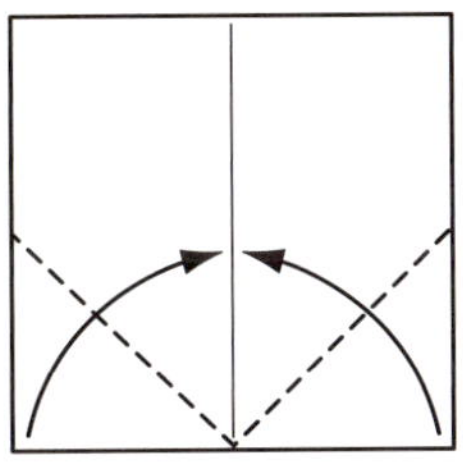

6

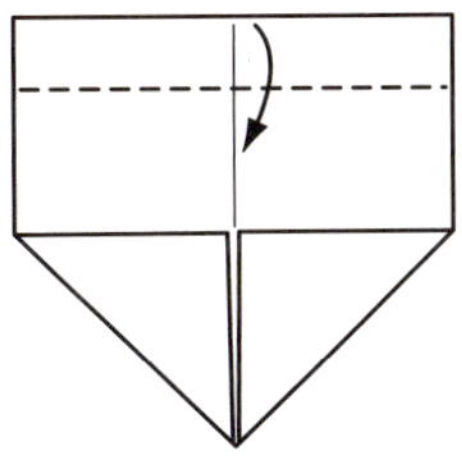

7

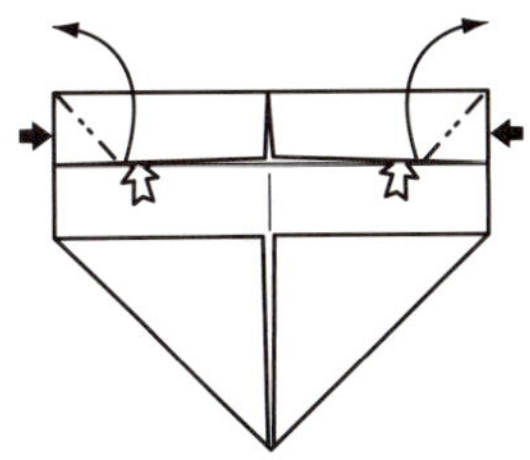

8

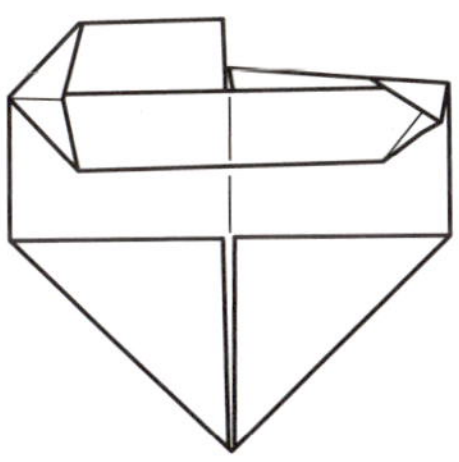

9

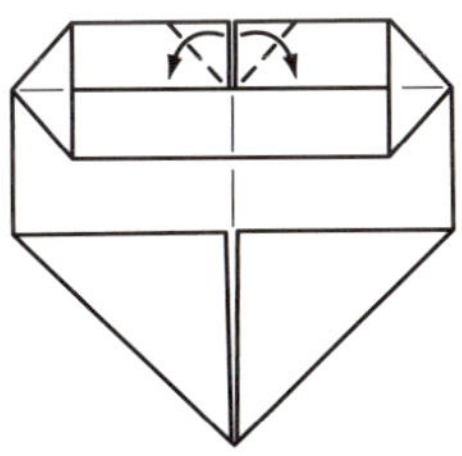

10

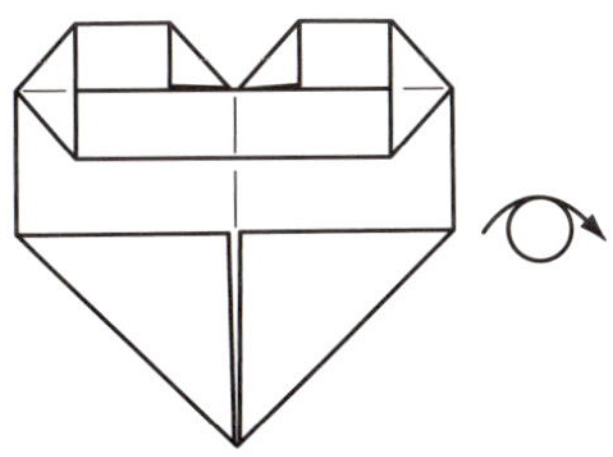

11

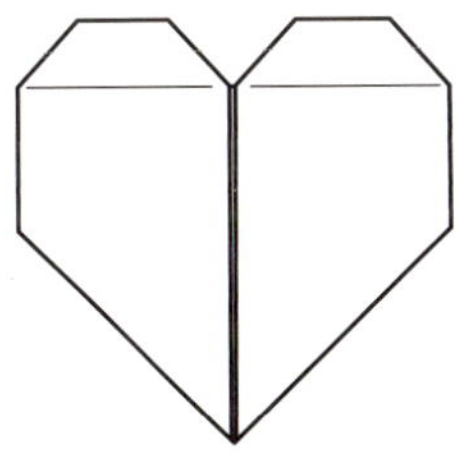

12

Kleeblatt

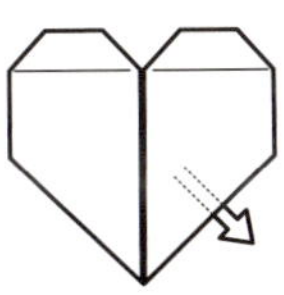

13

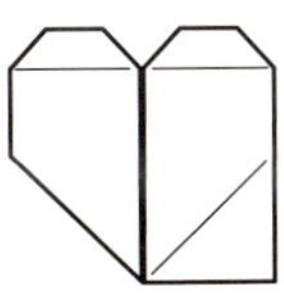

14

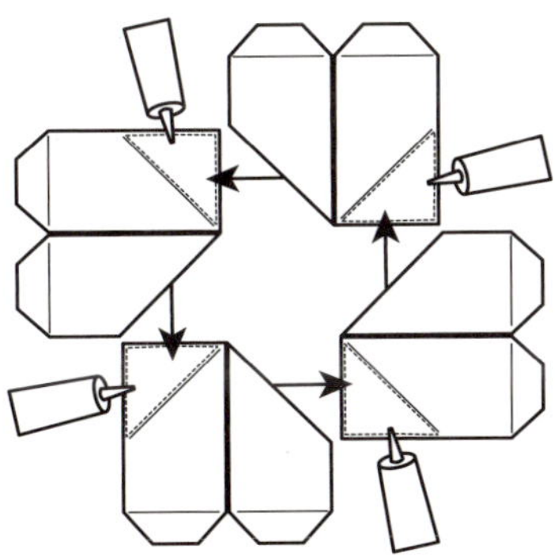

15

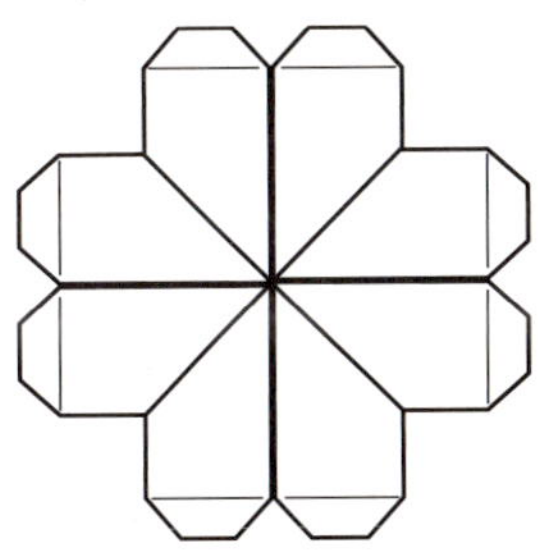

16

Kleiner Zoo

Material

Alle verwendeten Origami-Faltblätter sind einseitig bedruckt und 19 x 19 cm.

Schwein
- Faltblatt in Rosa
- Papier in Weiß
- Buntstift in Rosa
- Klebstoff

Hamster
- Faltblatt in Gelb

Fuchs
- Faltblatt in Orange

Affe
- Faltblatt in Braun
- Papierrest in Beige

Katze
- Faltblatt in Hellblau

Hund
- Faltblatt in Grau

Alle
- Markierungspunkte in Weiß, Schwarz, 8 mm Ø
- Filz- und Buntstifte
- Korrekturstift in Weiß

Schwierigkeitsgrad
***

Grundfigur

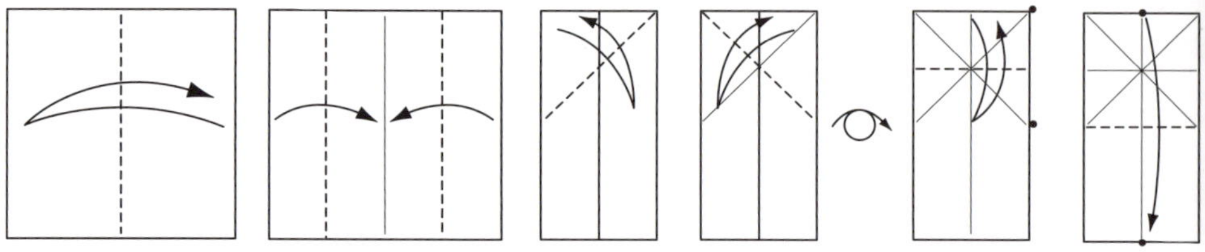

1 *Rückseite liegt oben.* 2 3 4 5 6

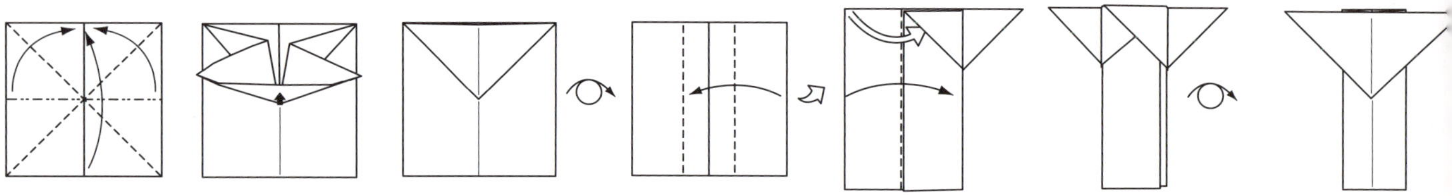

7 *Obere Lage falten.* 8 9 10 *Obere Lage falten.* 11 12 13

Schwein

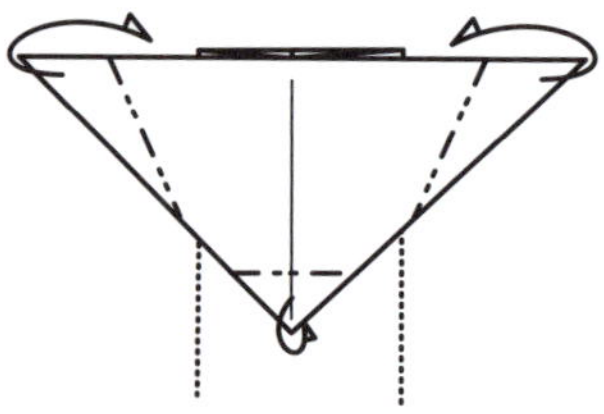

14

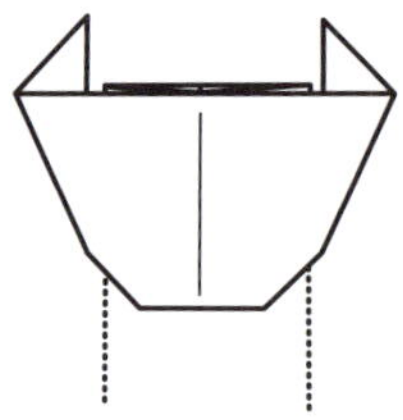

15

16

Hamster

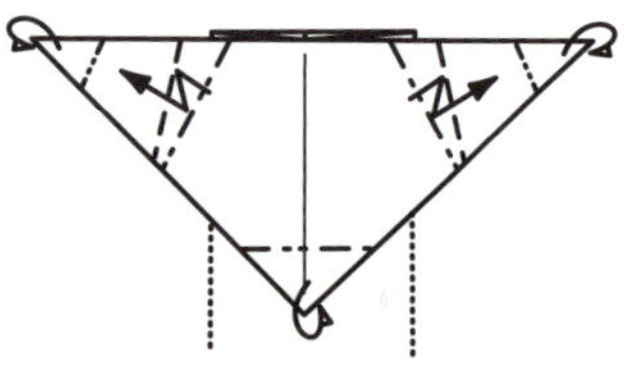

14

15

16

Fuchs

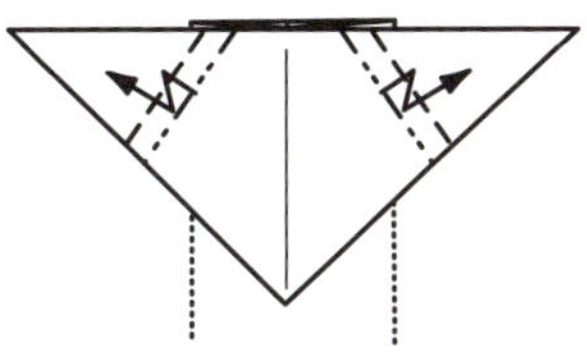

14

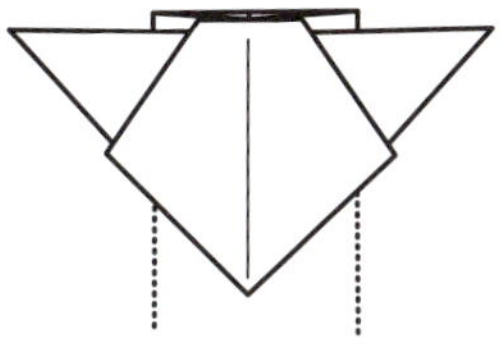

15

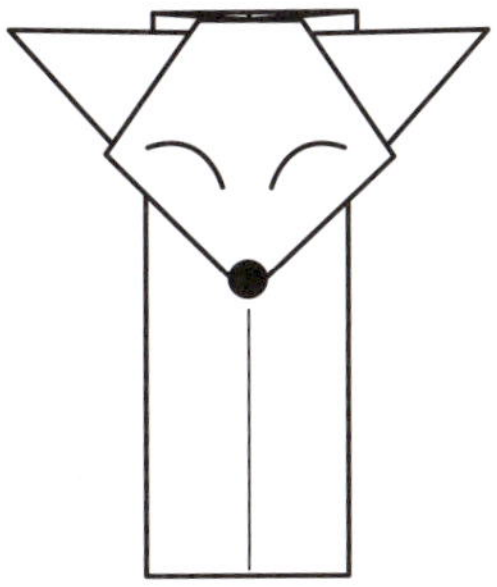

16

Affe

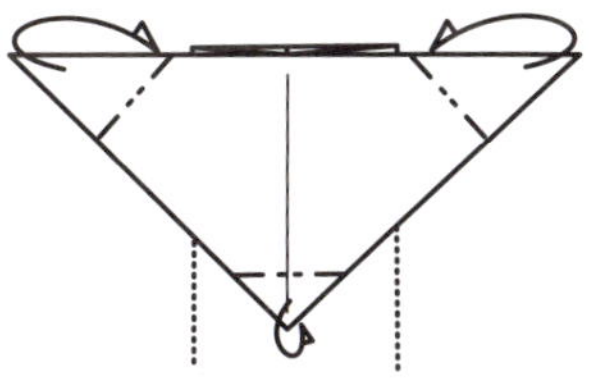

14

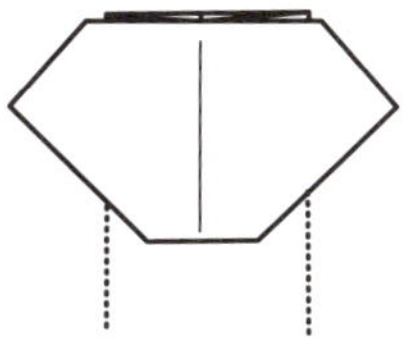

15

16

Katze

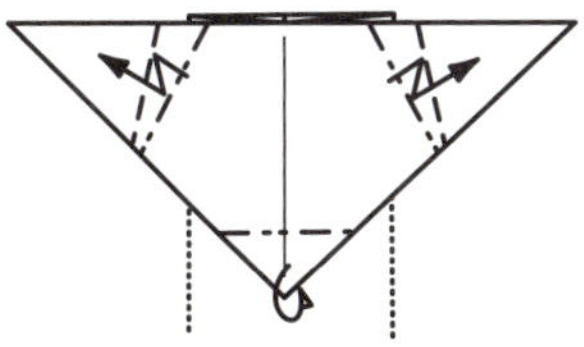

14

15

16

Hund

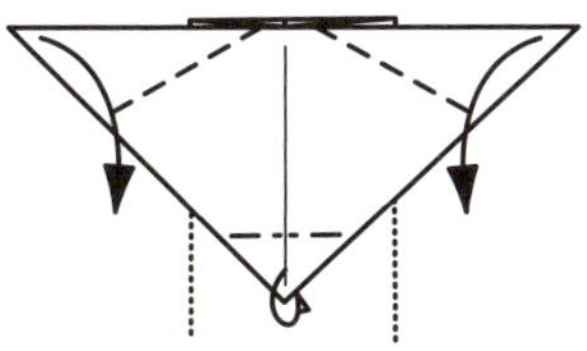

14

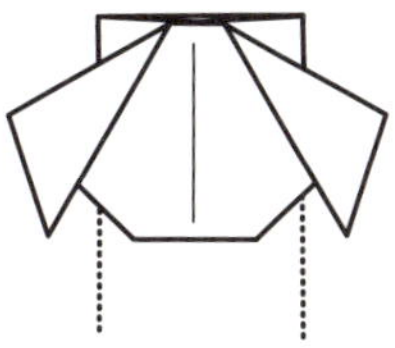

15

16

Katz & Maus

Material

Katze

- Faltblatt aus Plakatpapier, intensiv, in Hellblau, 20 x 20 cm

Maus

- Origami-Faltblatt, einseitig bedruckt, in Grau, 15 x 15 cm

Alle

- Filzstift in Schwarz
- Korrekturstift in Weiß

Schwierigkeitsgrad

****

Tipp

Die Katzen und Mäuse eignen sich auch sehr gut als Figuren für ein Mobile.

Grundfigur

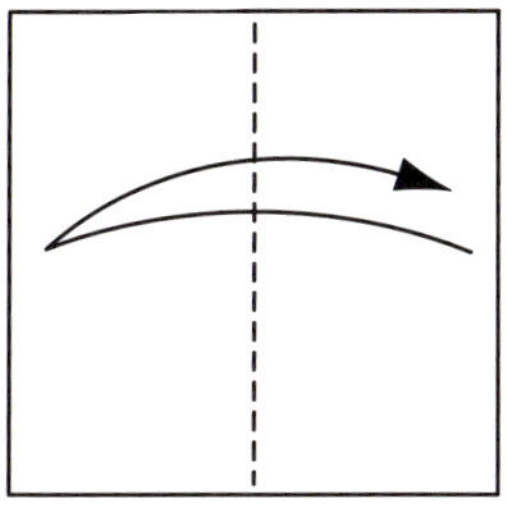

1 *Vorderseite liegt oben.*

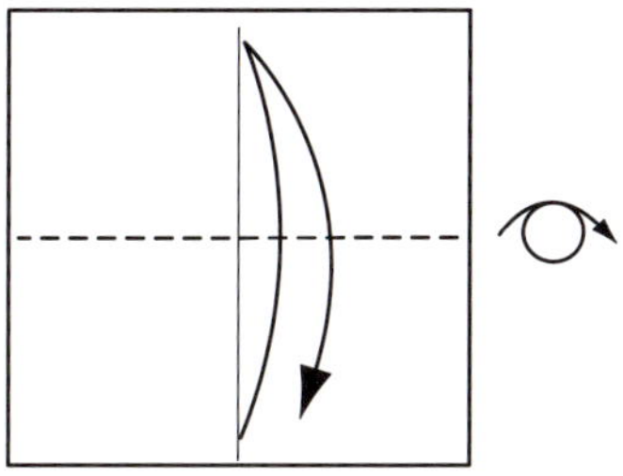

2

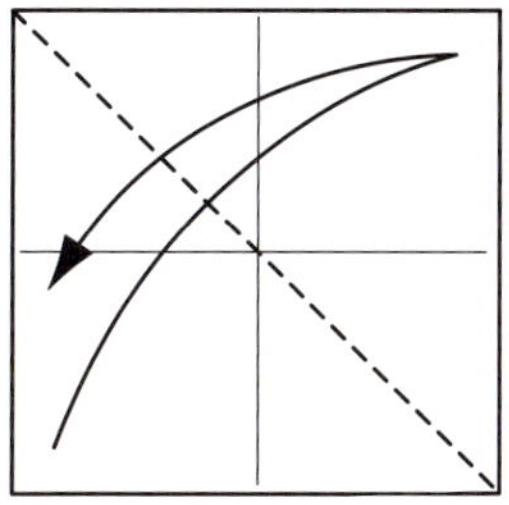

3

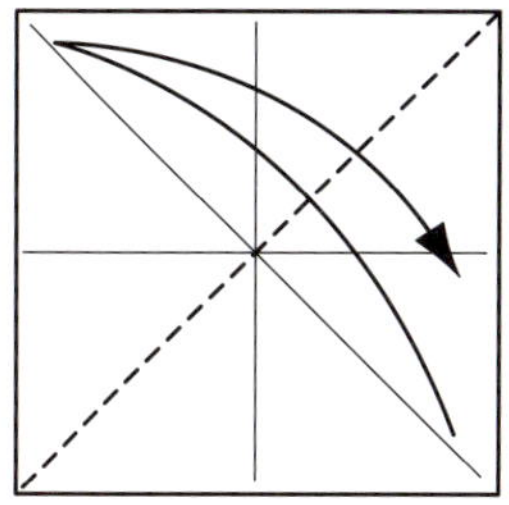

4

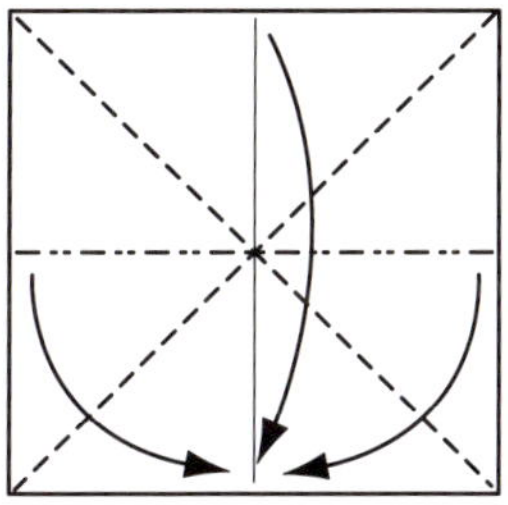

5

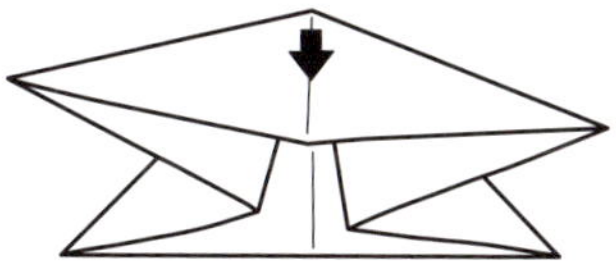

6

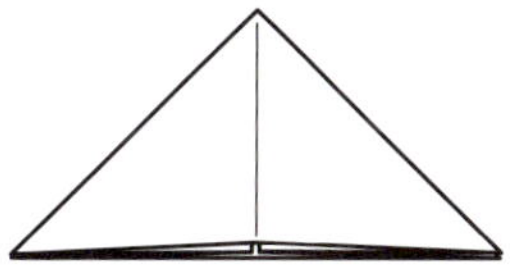

7

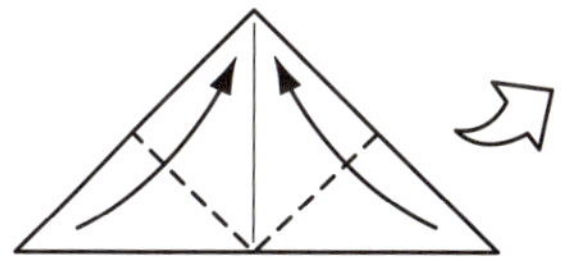

8 *Obere Lagen falten.*

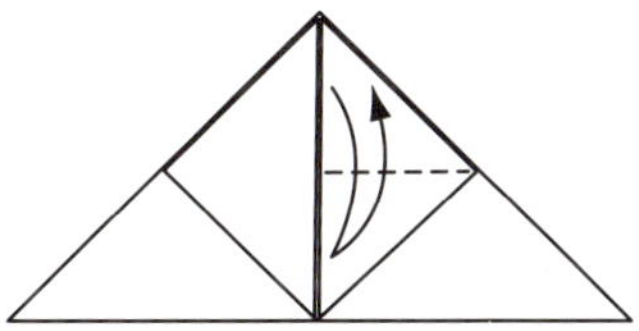

9

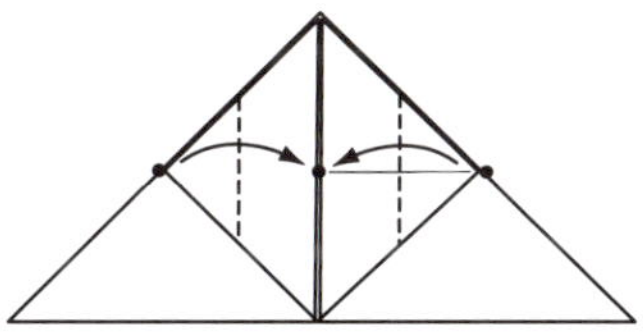

10

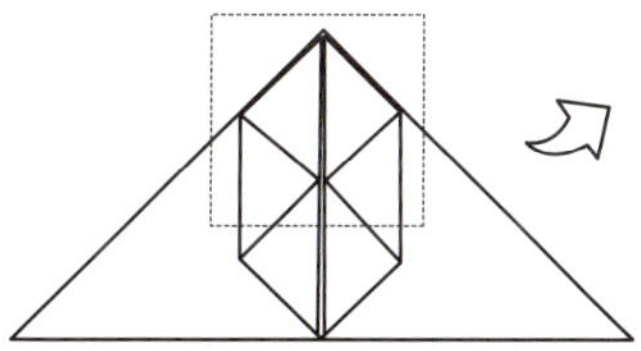

11

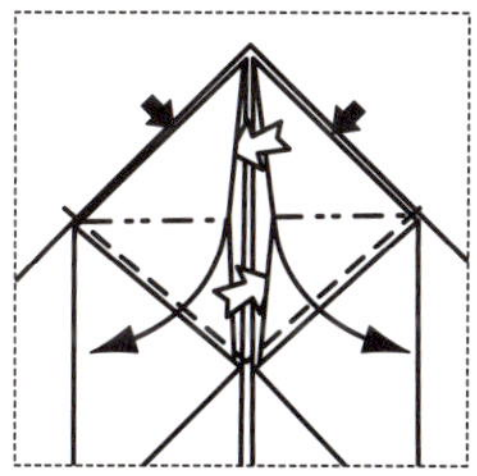

12

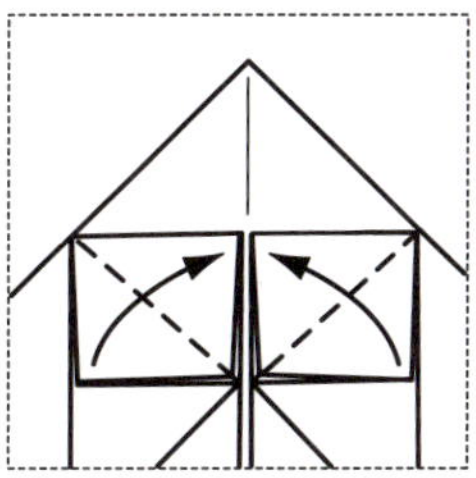

13

14 *Obere Lagen einstecken.*

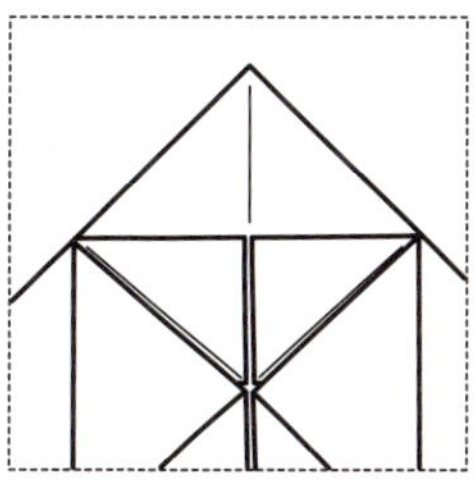

15

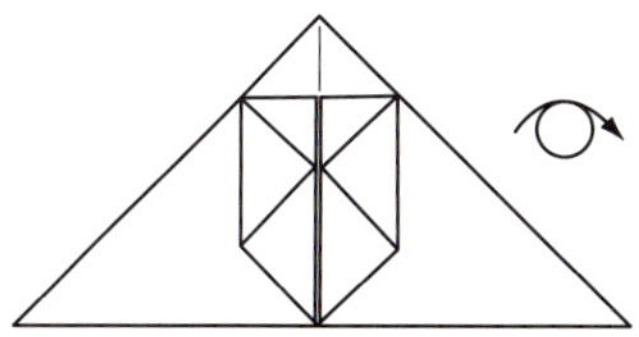

16

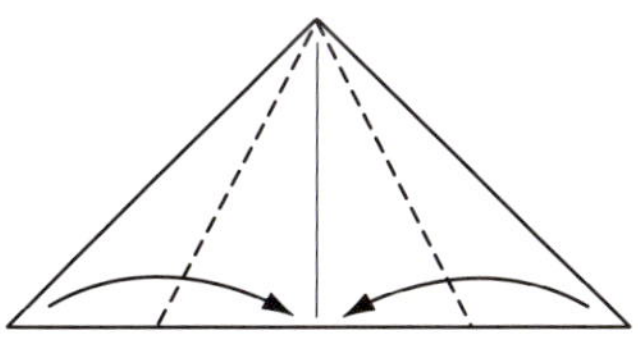

17

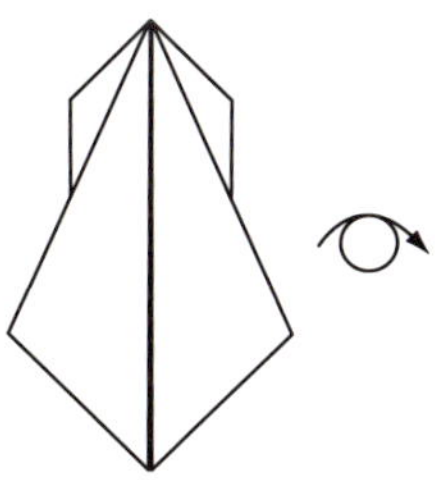

18

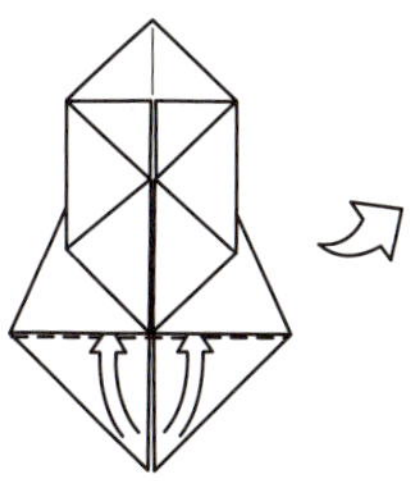

19

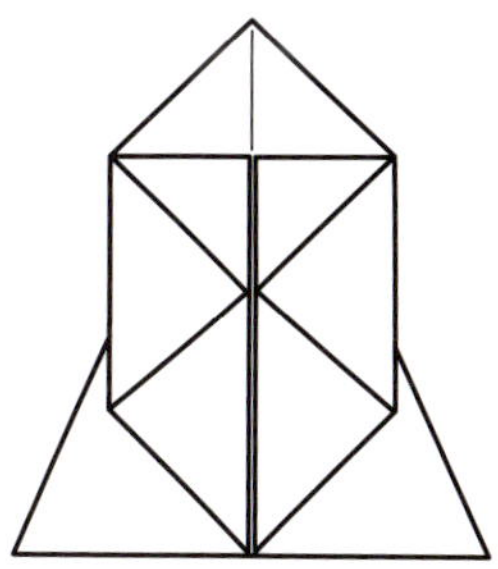

20

Katze, Maus und Frosch haben alle die gleiche Grundform. Katze und Maus bis Schritt 20 auf die gleiche Weise falten, dann wie angegeben weiter ausarbeiten. Den Frosch ab Schritt 16 nach den Zeichnungen von Seite 21 falten.

Katze

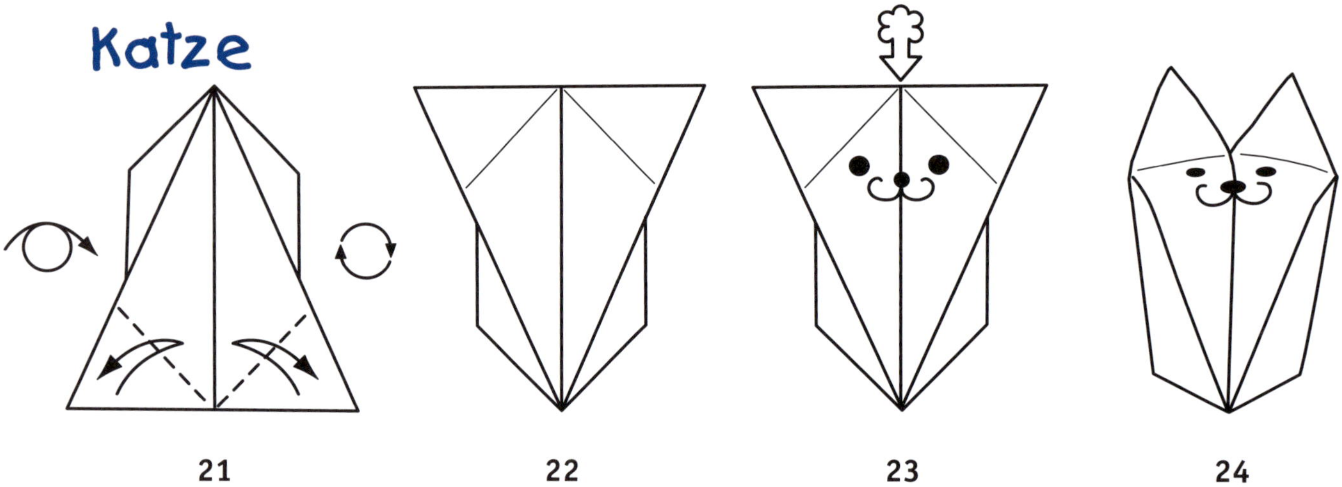

Maus

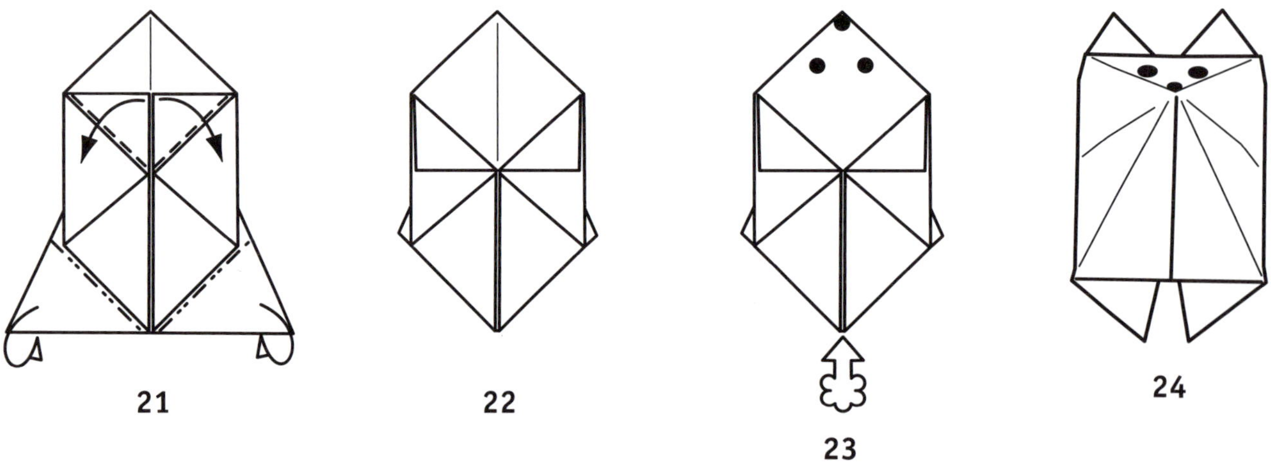

Frosch

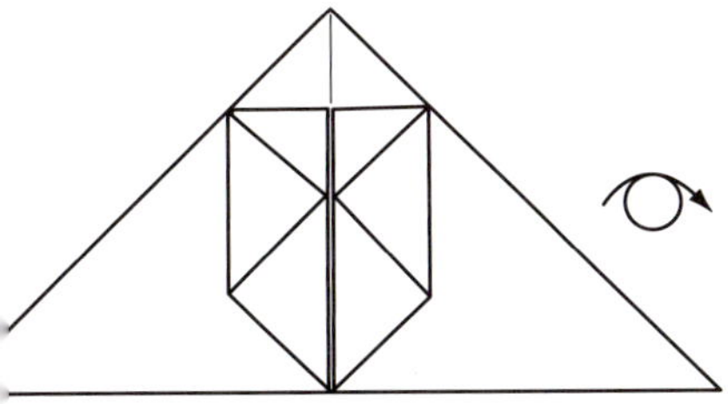

16 *Schritte 1 bis 16 siehe Seite 19.*

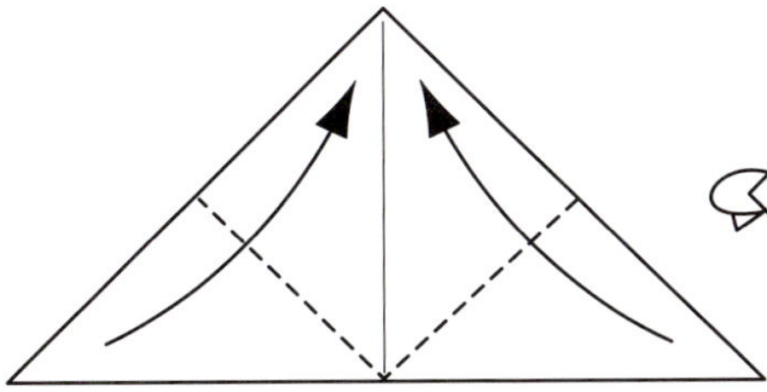

17

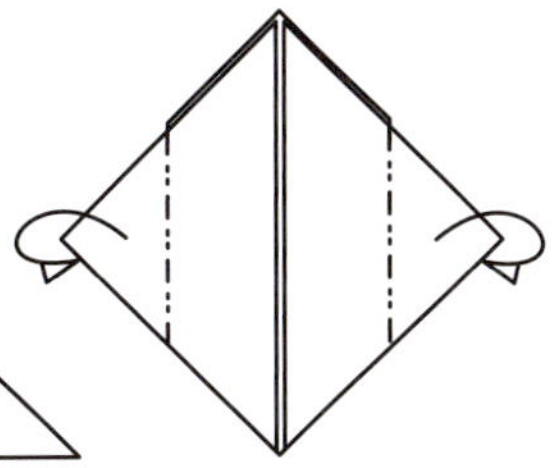

18 *Zwischen beide Lagen falten.*

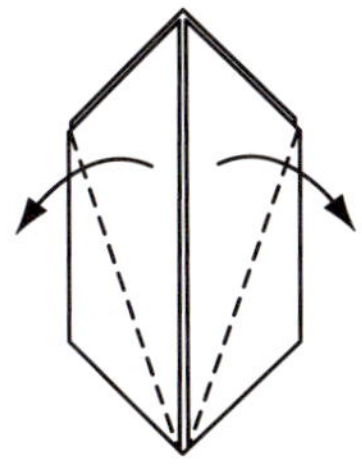

19

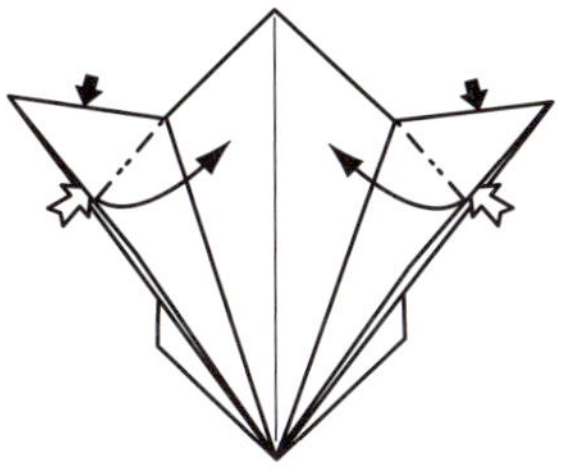

20

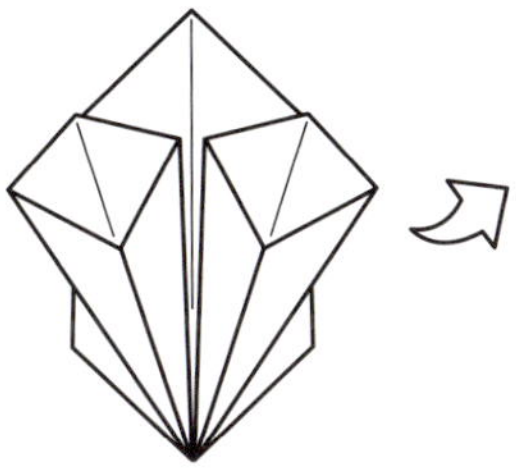

21

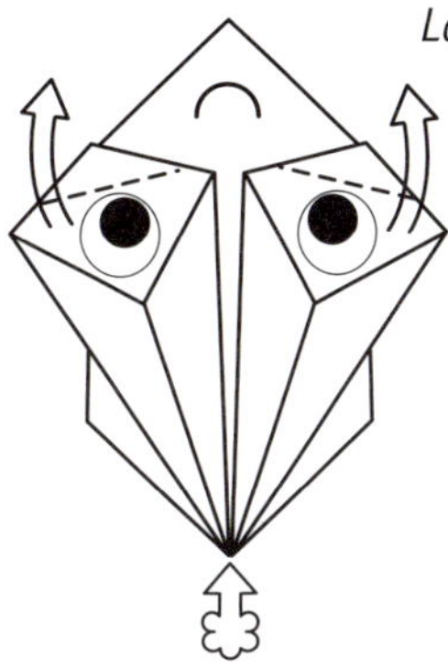

22 *Pusten und Augen hochklappen.*

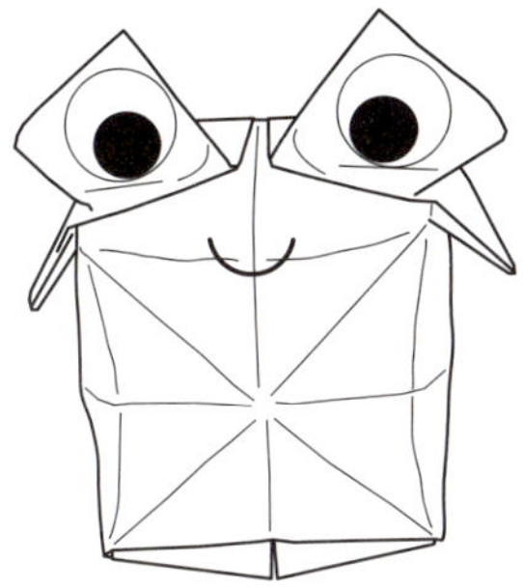

23

Seerose

Blüte

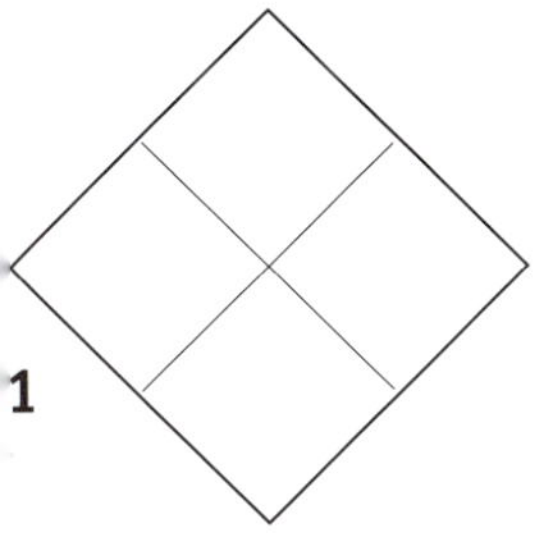

1

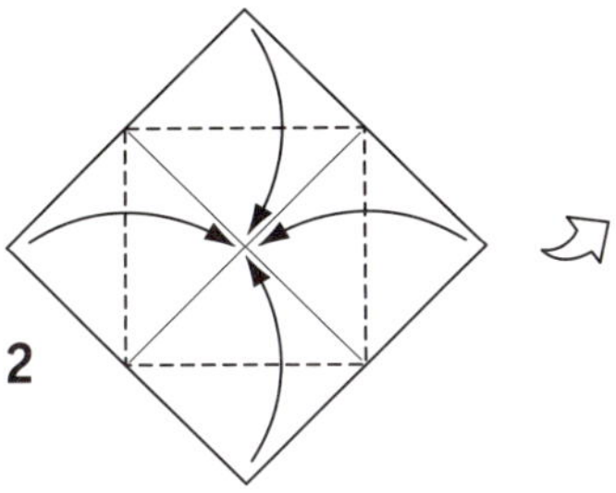

2

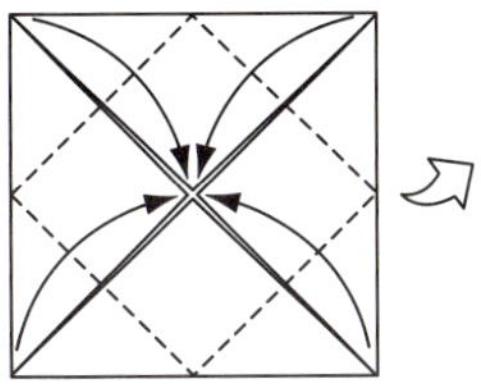

3

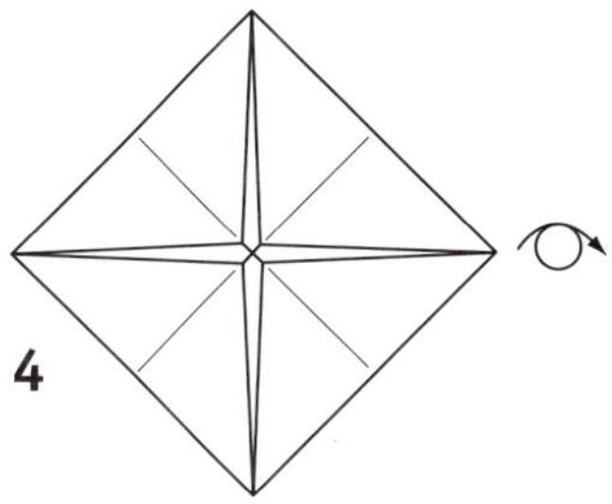

4

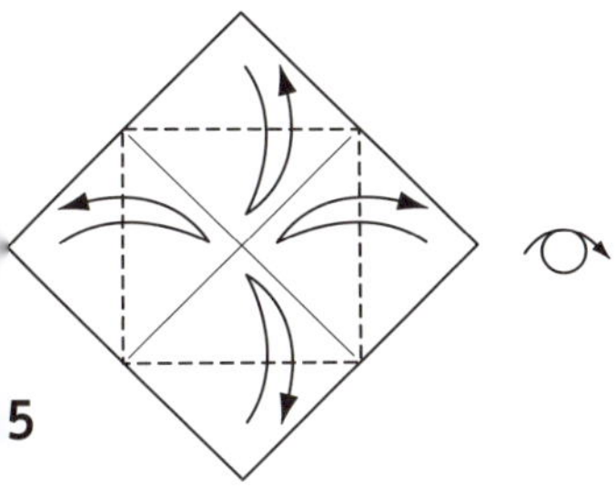

5

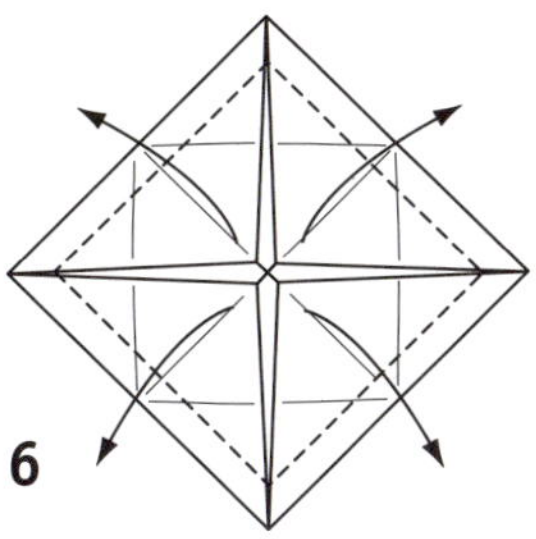

6

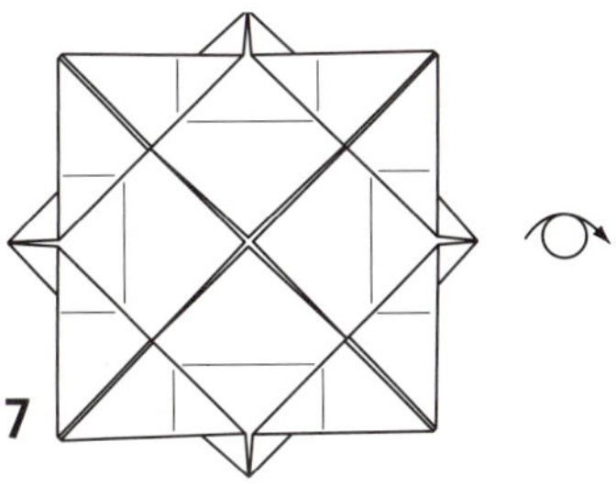

7

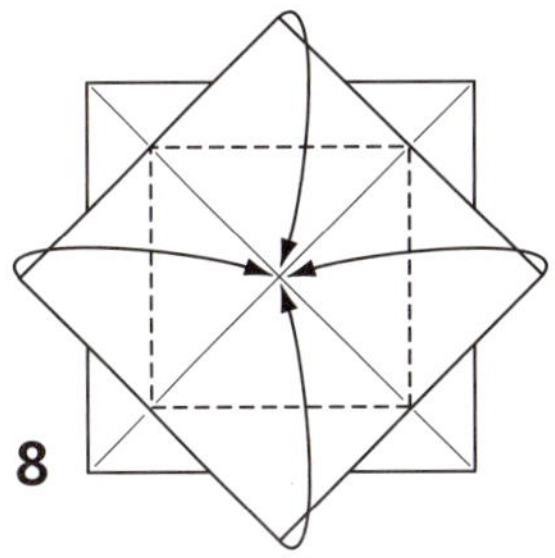

8

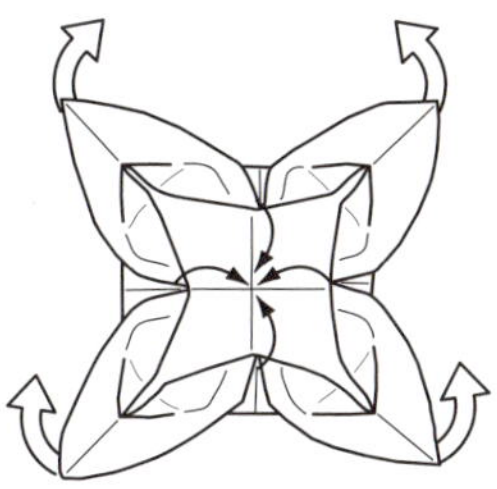

9

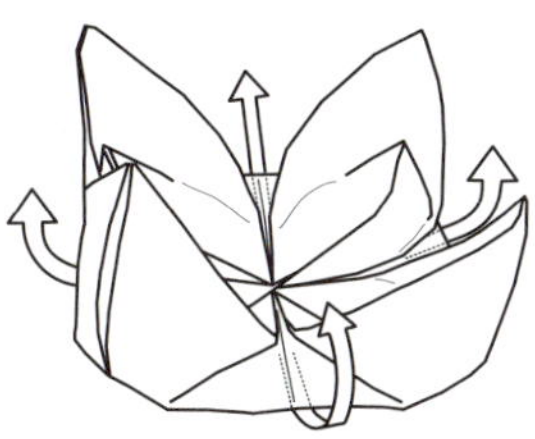

10 *Von unten alle Spitzen heraus- und hochziehen.*

11

Blatt

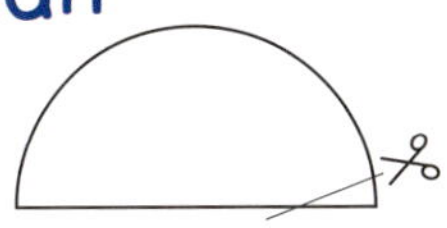

Das runde Faltpapier in der Mitte falten und wie abgebildet abschneiden. Wieder öffnen.

Seerosenteich

Material

Frosch

- Origami-Faltblatt einseitig bedruckt, in Hellgrün, 19 x 19 cm oder 15 x 15 cm
- Markierungspunkte in Weiß, 12 mm Ø
- Markierungspunkte in Weiß, Schwarz, 8 mm Ø

Schwierigkeitsgrad

****

Seerose

- Serviette in Weiß, 33 x 33 cm
- Kreisrundes Faltblatt, superintensiv, in Grün, 12 cm Ø
- Schere

Schwierigkeitsgrad

**

Tipp

Die Seerosen aus Servietten als Tischdeko verwenden.

Faltanleitungen Seiten 19, 21

Tulpen

Stängel

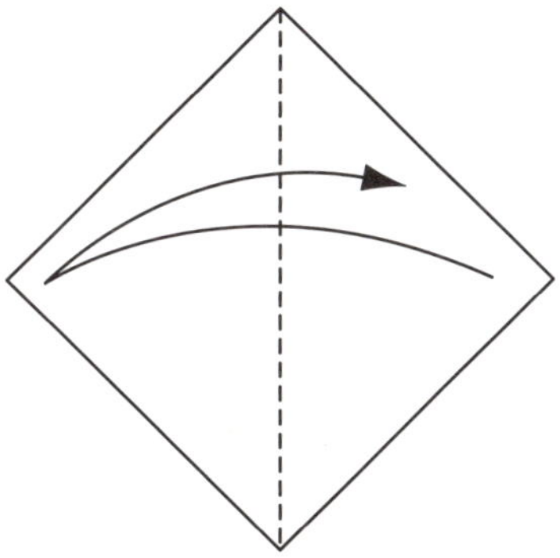

1 *Rückseite liegt oben.*

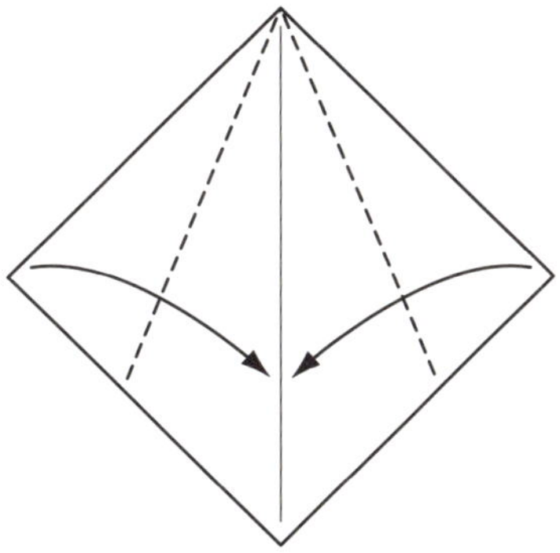

2

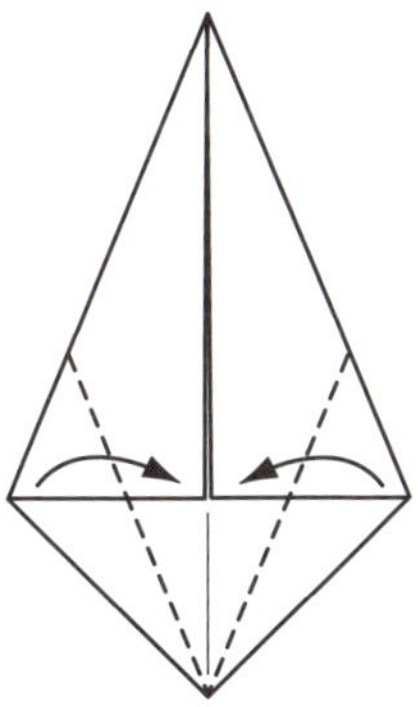

3

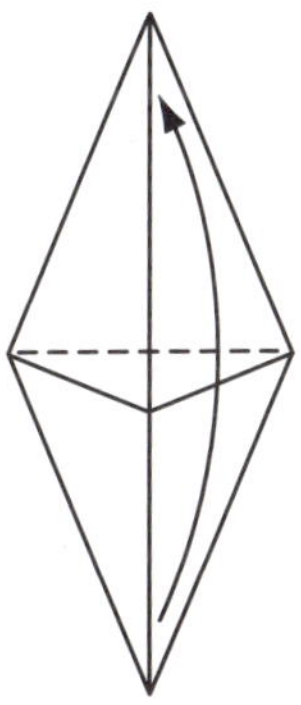

4

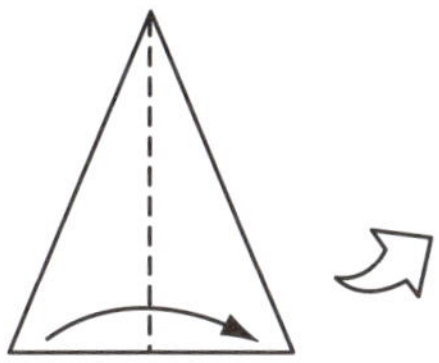

5

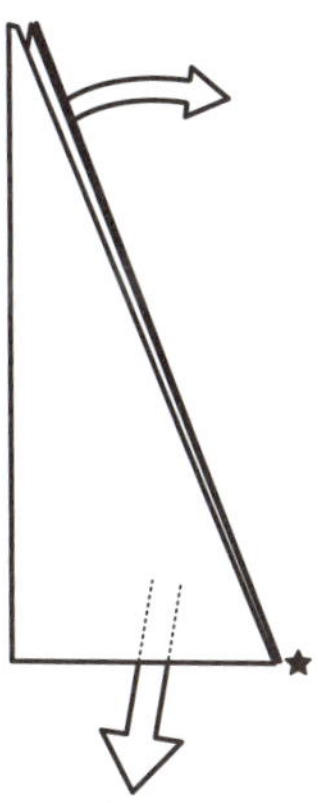

6

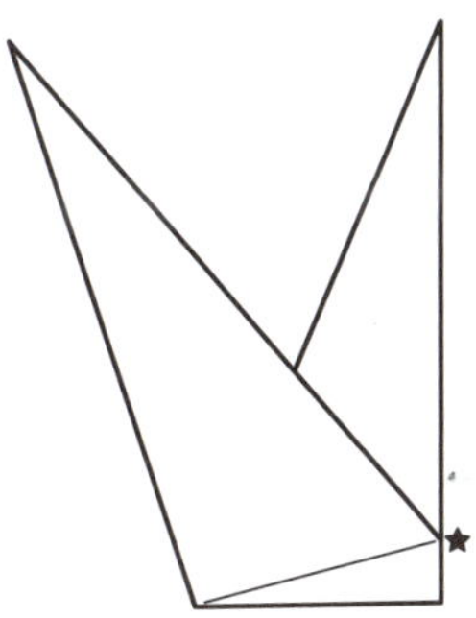

7

Material

Stängel

- Tonpapier-Faltblatt in Grün, 20 x 20 cm

Blüte

- Je Blüte ein Faltblatt aus Plakatpapier, superintensiv, in Gelb, Orange oder Rot, 15 x 15 cm
- Klebstoff

Schwierigkeitsgrad

**

Blüte

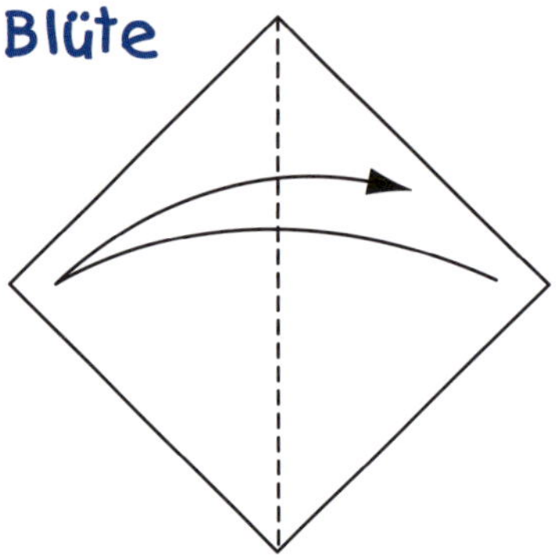

1 *Vorderseite liegt oben.*

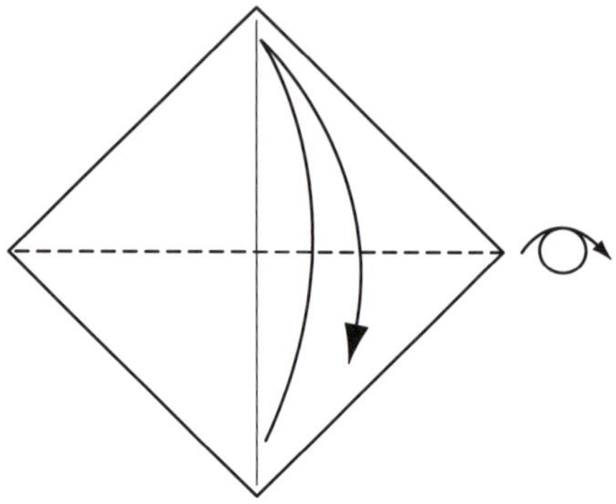

2

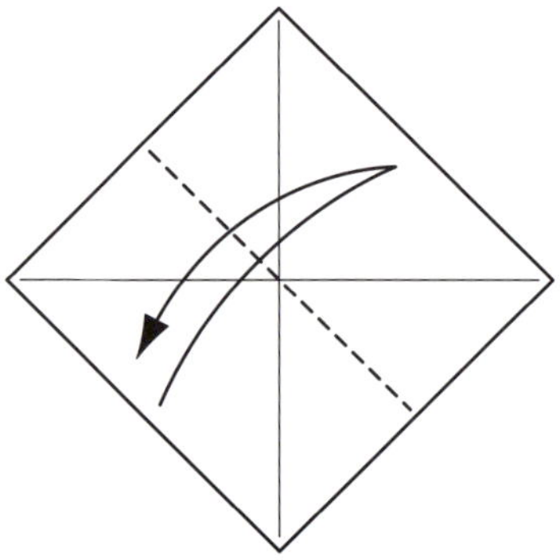

3

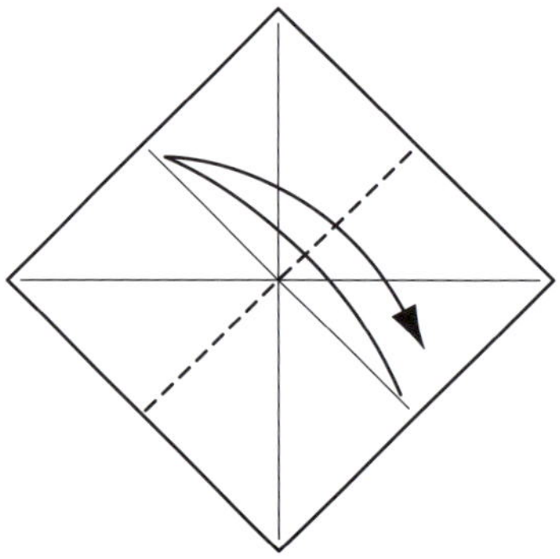

4

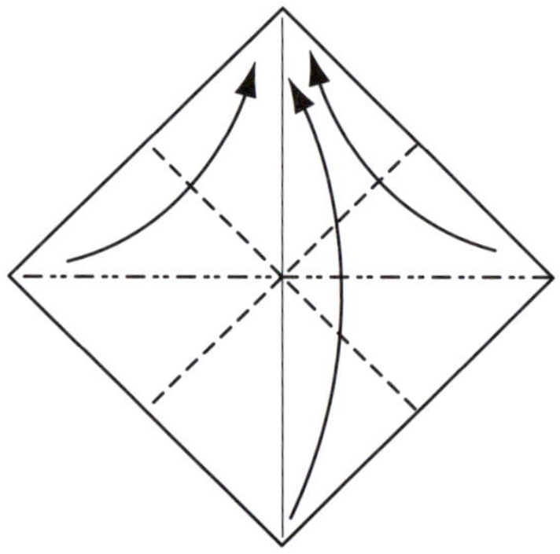

5

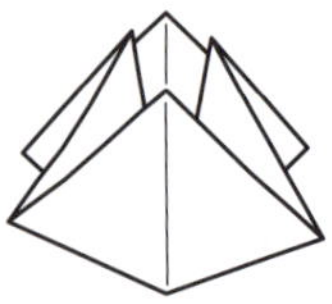

6

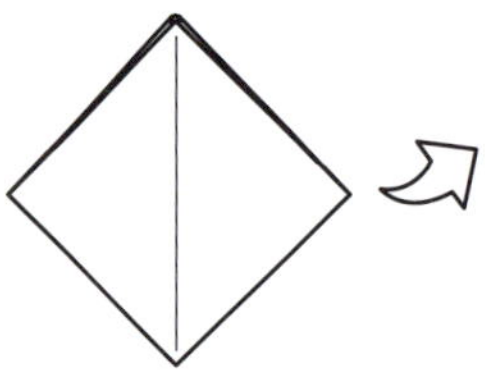

7

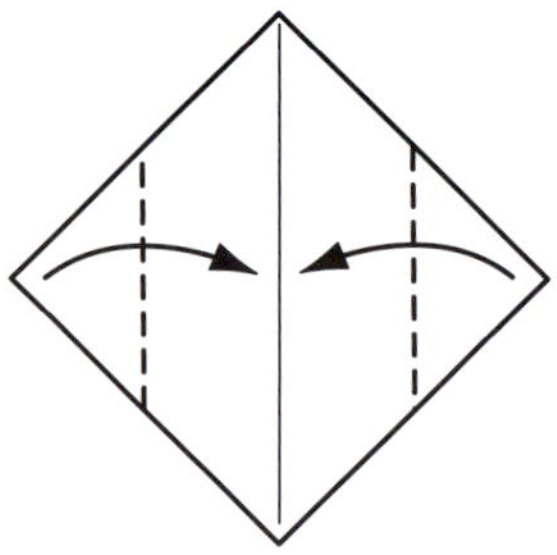

8 *Obere Lagen falten.*

9

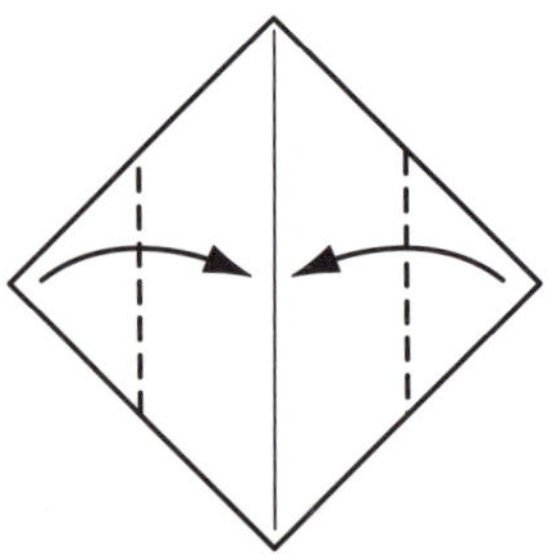

10

11 *Obere Lage falten.*

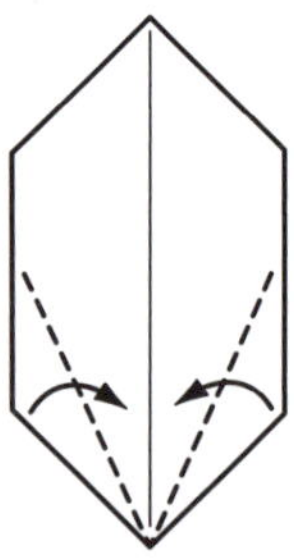

12 *Obere Lagen falten.*

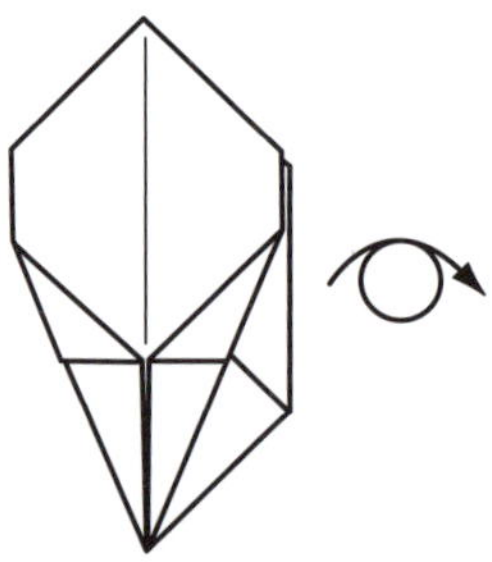

13

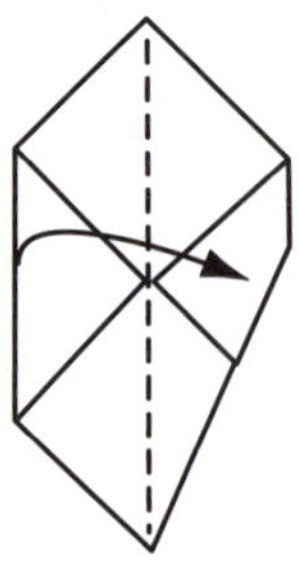

14 *Obere Lage falten.*

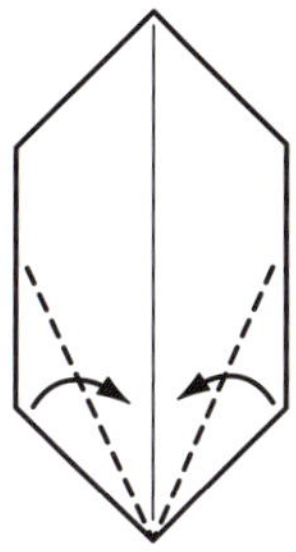

15

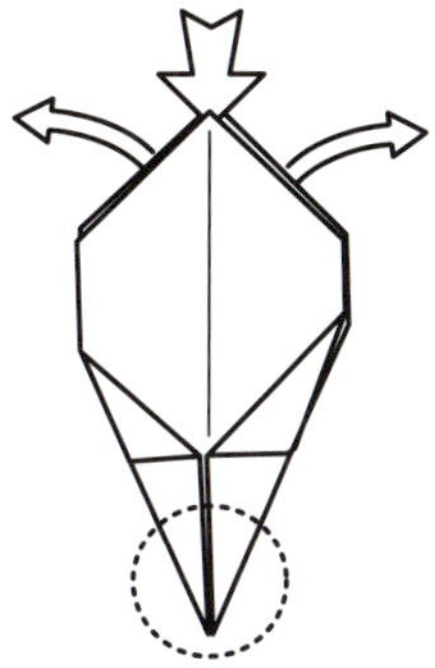

16 *Unten im Bereich des Kreises festhalten.*

17

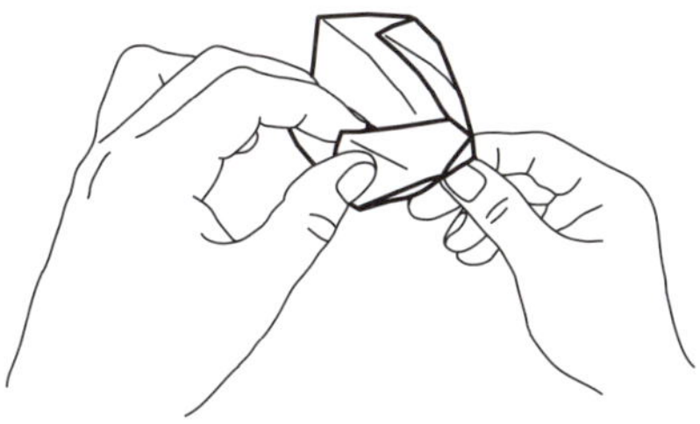

18

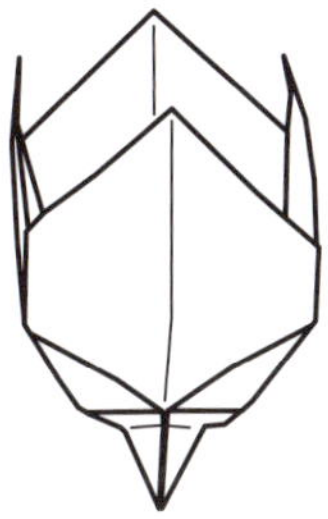

19

Blüte und Stängel zusammenfügen

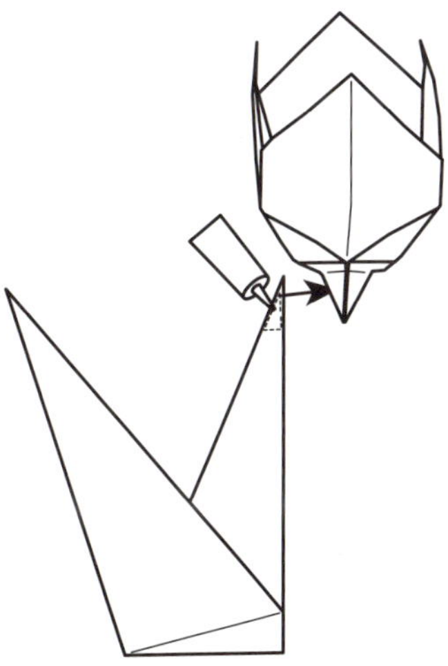

1 *Stängel einstecken und festkleben.*

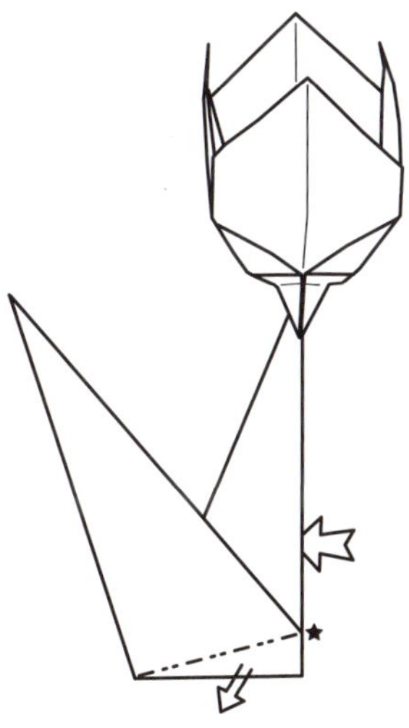

2

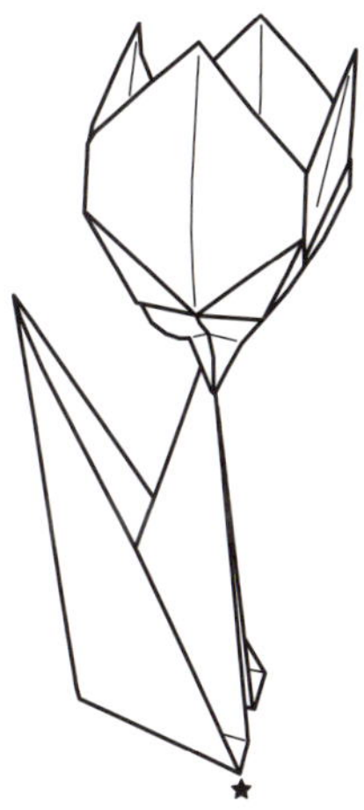

3

Osterhasen

Material

- Seidenraupen-Transparentpapier oder Transparentpapier in Pink, Gelb, Orange, 20 x 20 cm
- Markierungspunkte in Weiß, 12 mm Ø
- Markierungspunkte in Schwarz, 8 mm Ø
- Filzstift in Schwarz
- Korrekturstift in Weiß
- Schere

Schwierigkeitsgrad

**

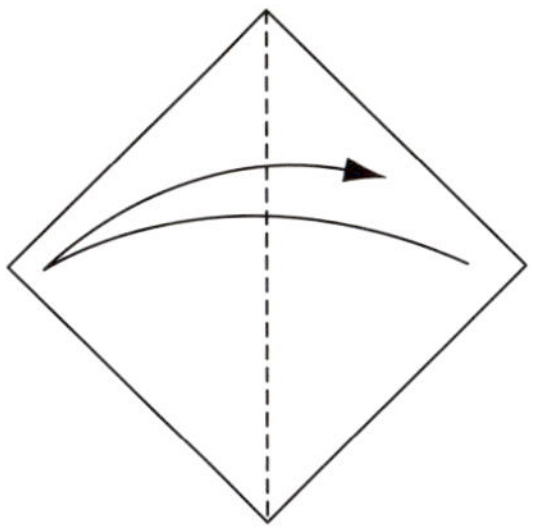

1 *Rückseite liegt oben.*

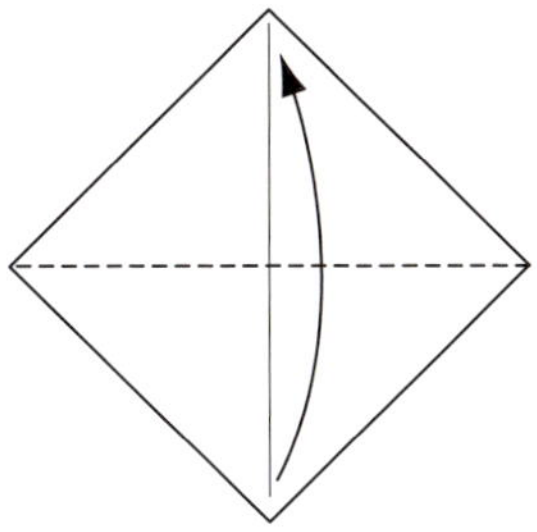

2

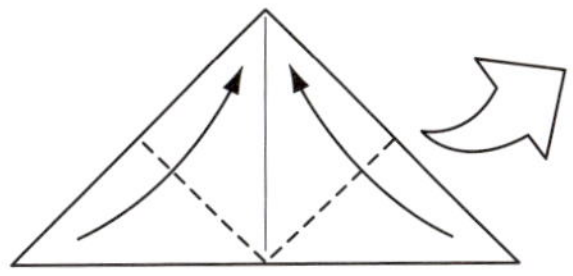

3

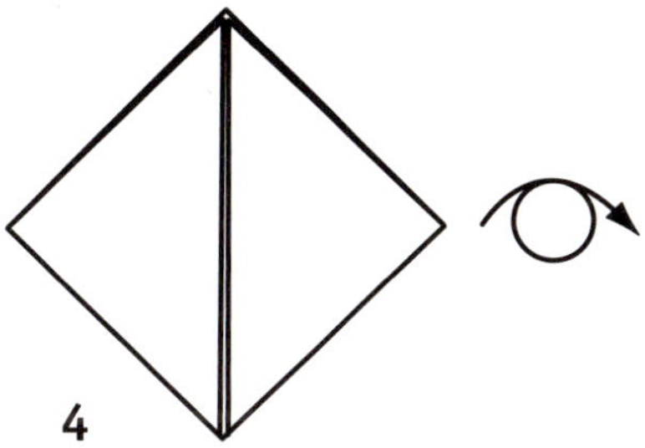

4

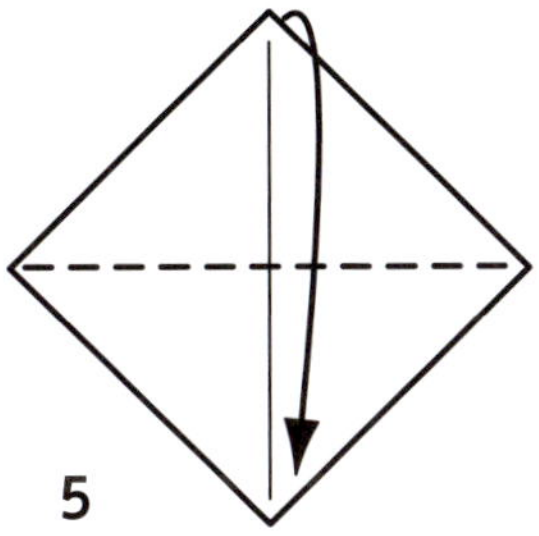

5

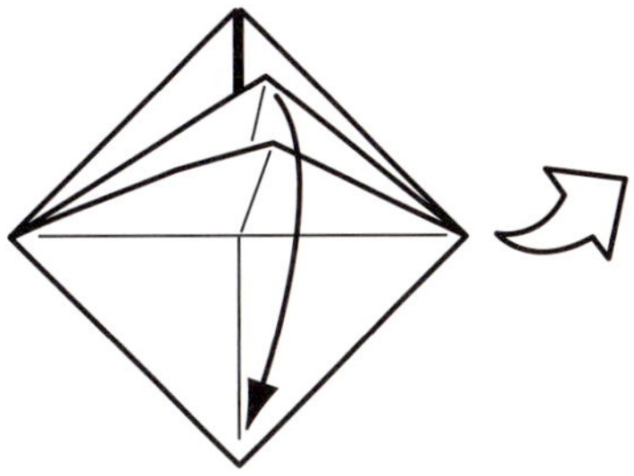

6 *Die beiden oberen Lagen falten.*

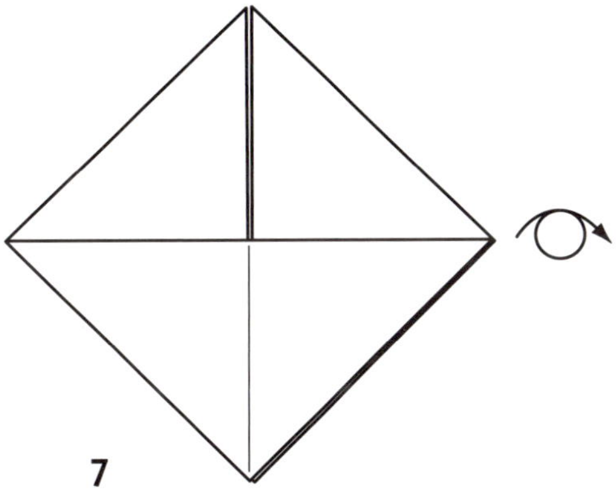

7

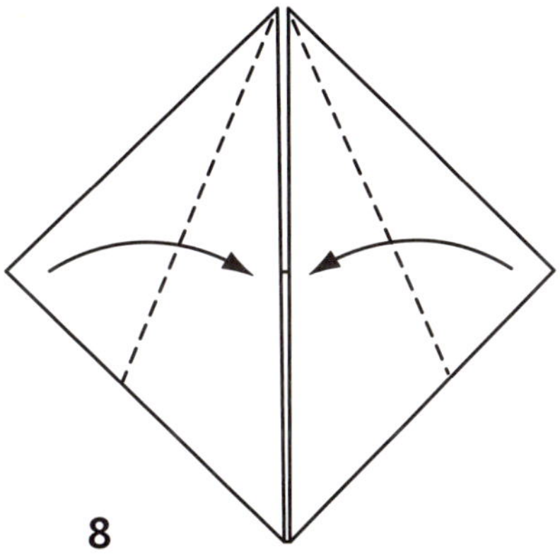

8

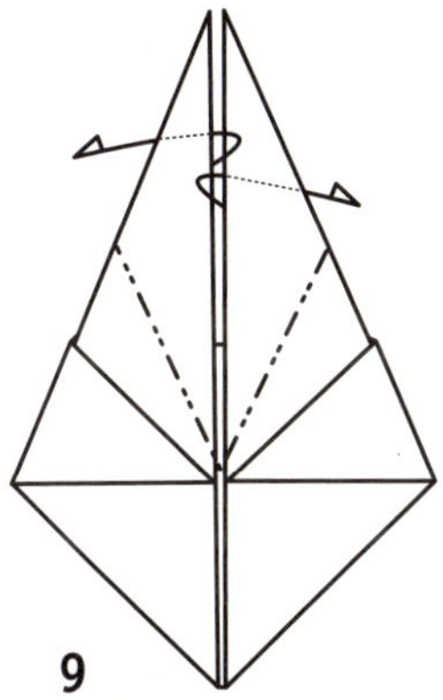

9

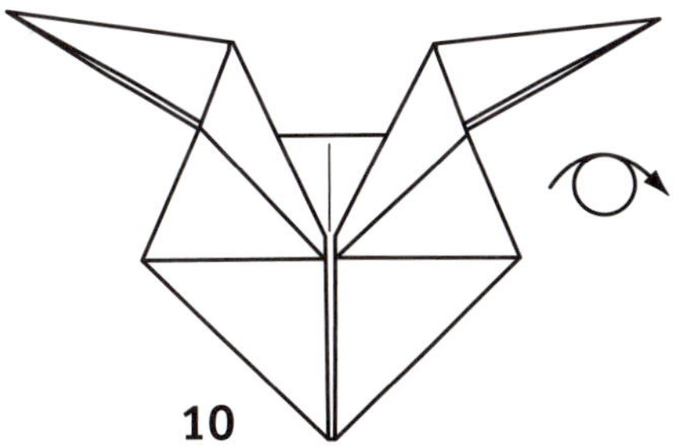

10

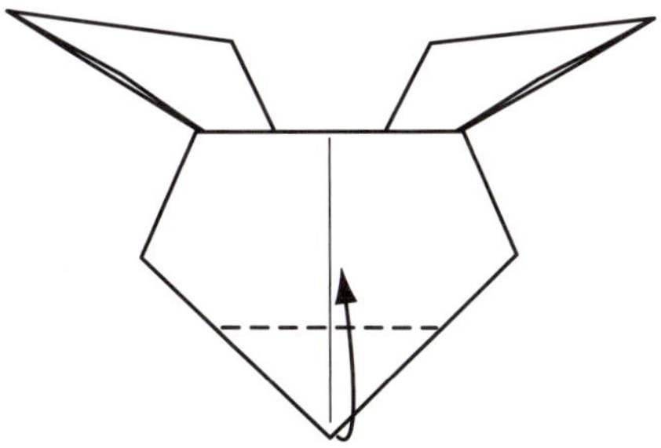

11 *Die beiden oberen Lagen falten.*

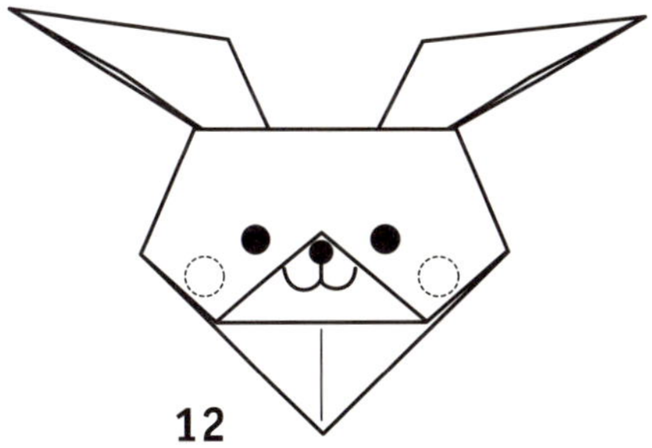

12

Variante

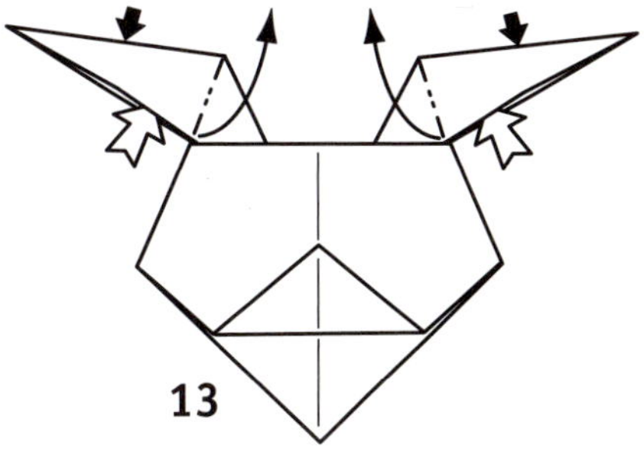

13

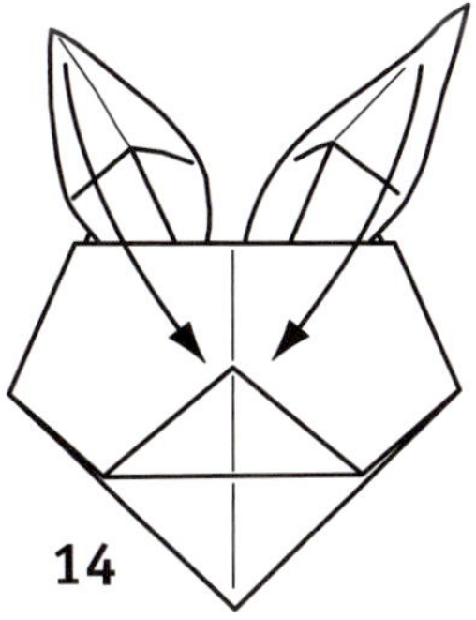

14

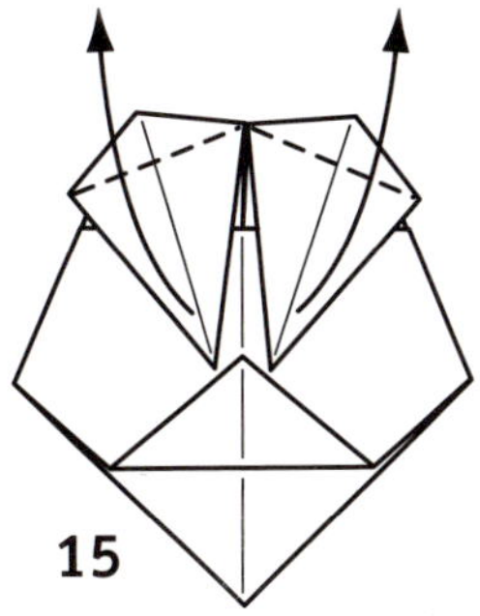

15

16

Teddybären

Material

Großer Bär
- 2 Faltblätter aus Plakatpapier, intensiv, in Dunkelbraun, 20 x 20 cm
- Markierungspunkte in Weiß, 18 mm Ø
- Markierungspunkte in Schwarz, 8 und 12 mm Ø

Mittelgroßer Bär
- 2 Origami-Faltblätter, einseitig bedruckt, in Braun, 15 x 15 cm
- Markierungspunkte in Weiß, 12 mm Ø
- Markierungspunkte in Schwarz, 8 mm Ø

Kleiner Bär
- 2 Origami-Faltblätter, einseitig bedruckt, in Hellbraun, 12 x 12 cm
- Markierungspunkte in Weiß, 12 mm Ø
- Markierungspunkte in Schwarz, 8 mm Ø

Alle
- Tonpapierrest in Beige
- Filzstift in Schwarz
- Korrekturstift in Weiß
- Schere, Klebstoff

Schwierigkeitsgrad
***

Kopf

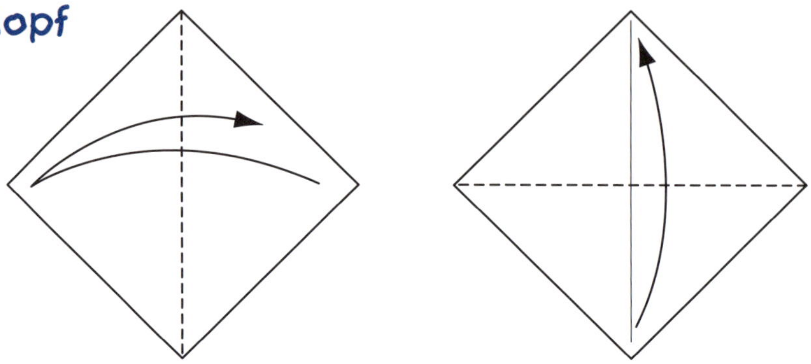

1 *Rückseite liegt oben.* 2

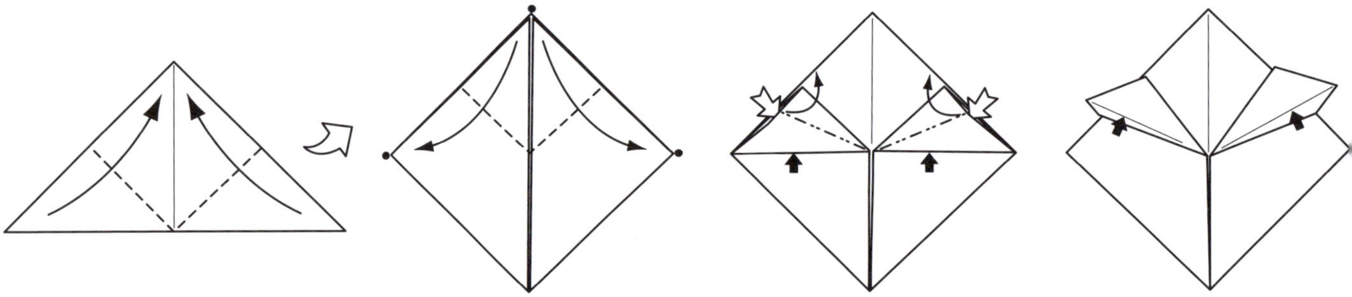

3 4 5 6

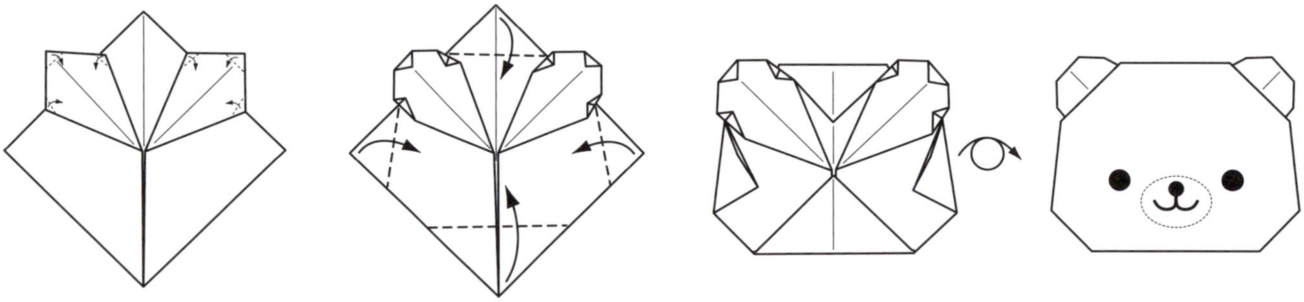

7 8 9 10

Körper

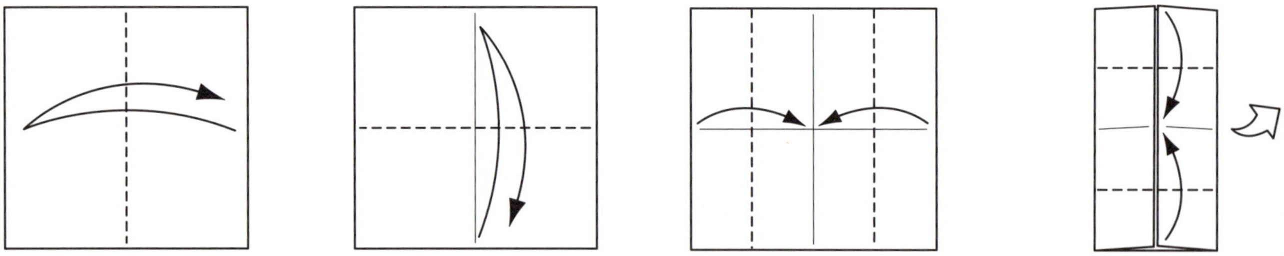

1 *Rückseite liegt oben.* 2 3 4

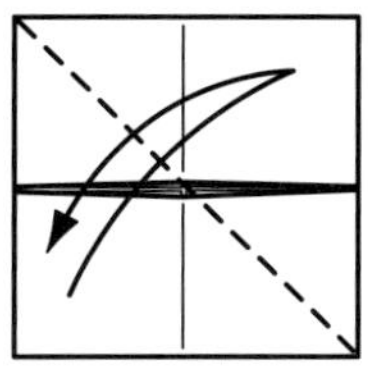

5

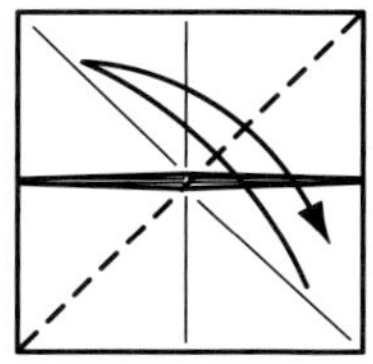

6

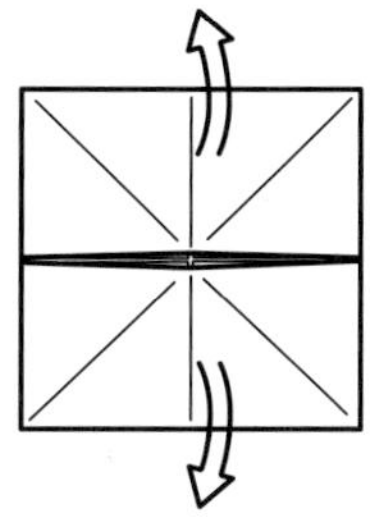

7

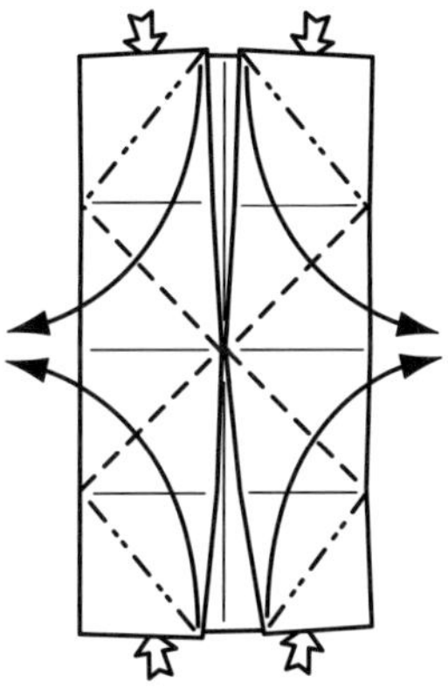

8

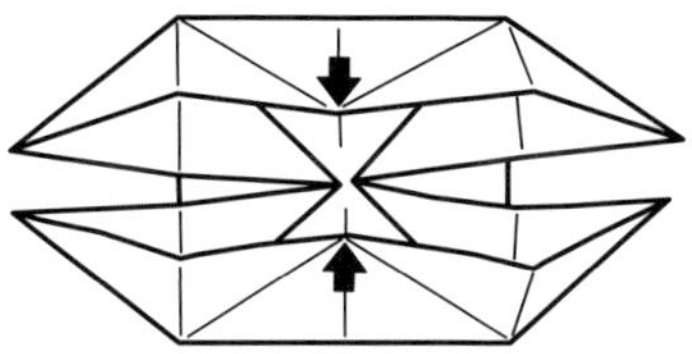

9

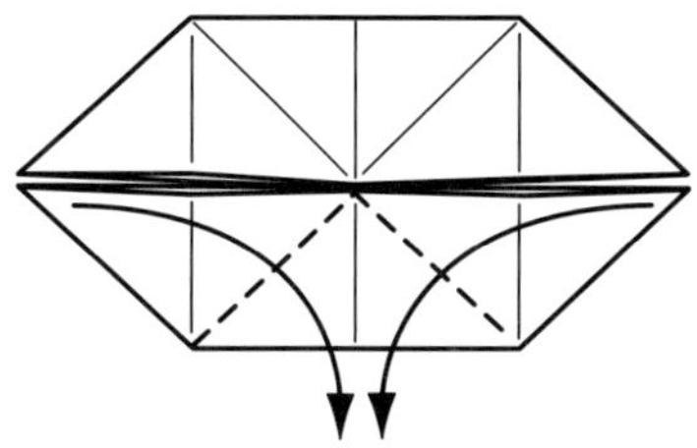

10

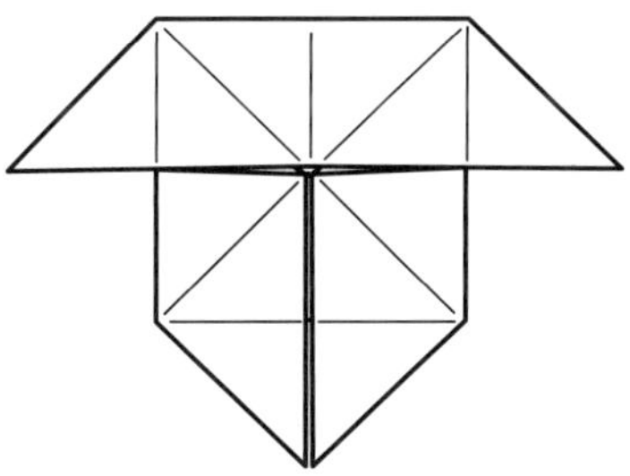

11

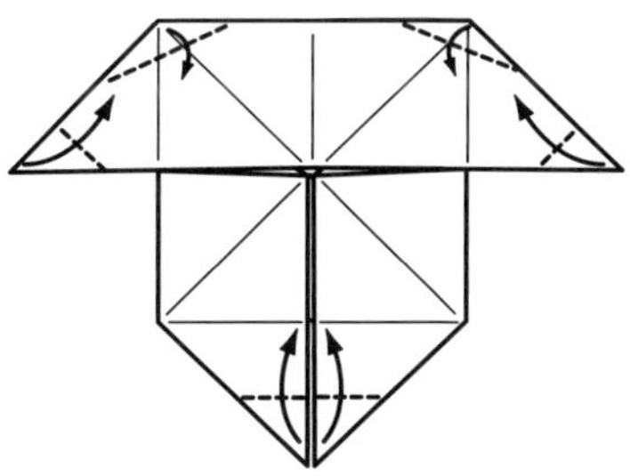

12

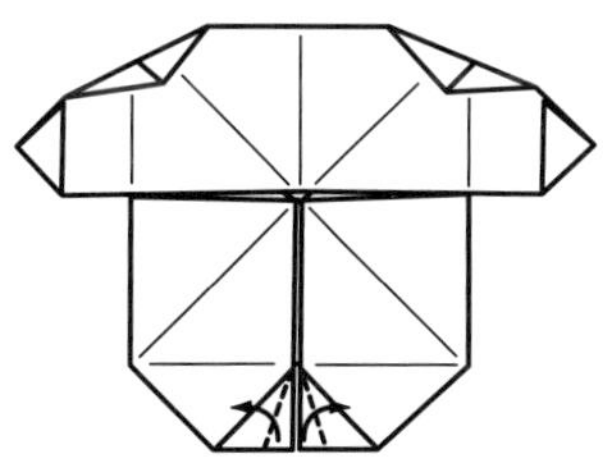

13

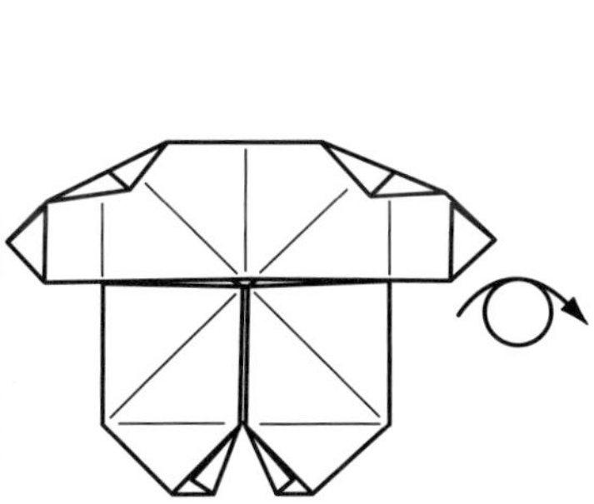

14

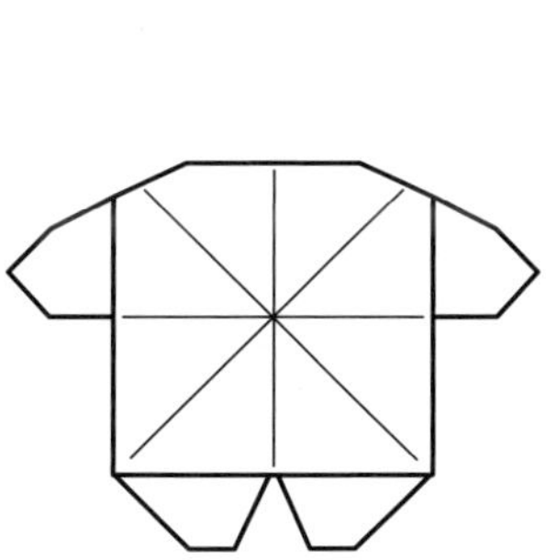

15

16 *Kopf und Körper zusammenkleben.*

17

Giraffen

Material

Große Giraffe

- 2x Druckerpapier, 80 g/qm, in Gelb, 29 x 14,5 cm
- Markierungspunkte in Weiß, 12 mm Ø
- Markierungspunkte in Schwarz, 8 mm Ø

Kleine Giraffe

- 2x Druckerpapier, 80 g/qm, in Gelb, 24 x 12 cm
- Markierungspunkte in Weiß, 8 mm Ø

Alle

- Filzstift in Schwarz
- Korrekturstift in Weiß
- Eventuell Buntstift in Braun
- Schere
- Klebstoff

Schwierigkeitsgrad

* * * *

Körper

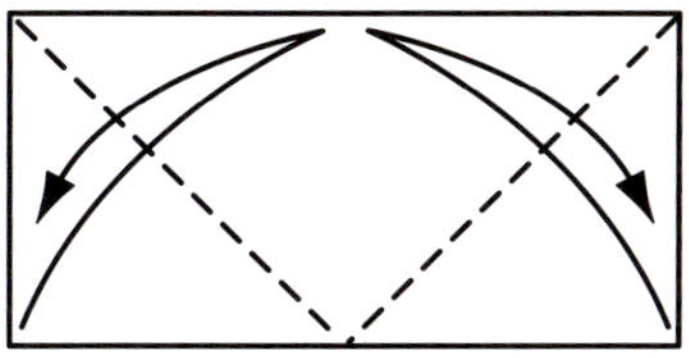

1 *Rückseite liegt oben.*

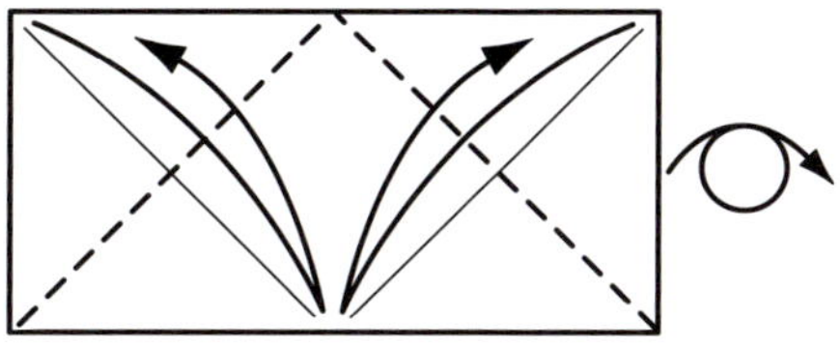

2

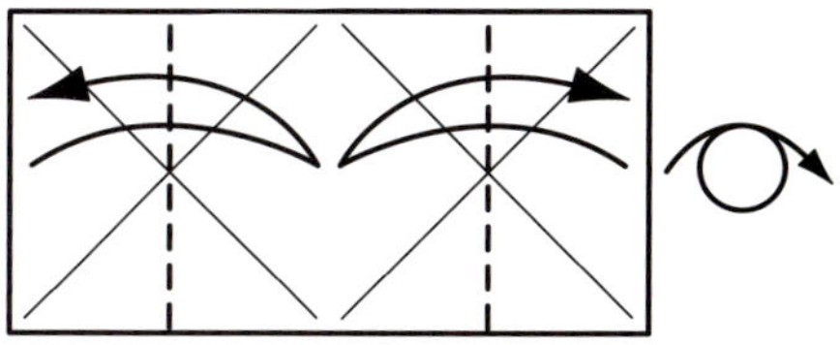

3

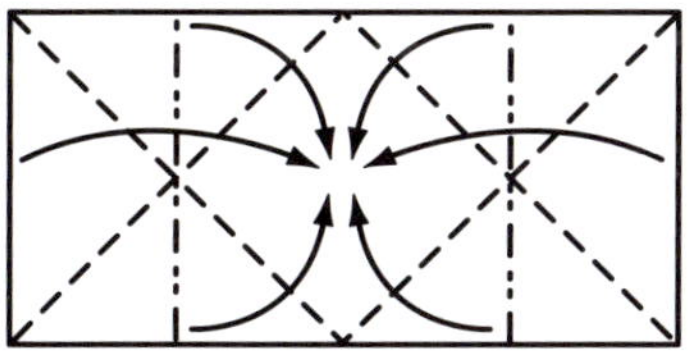

4

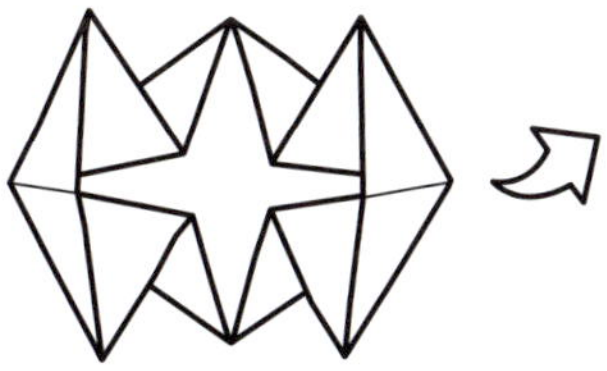

5

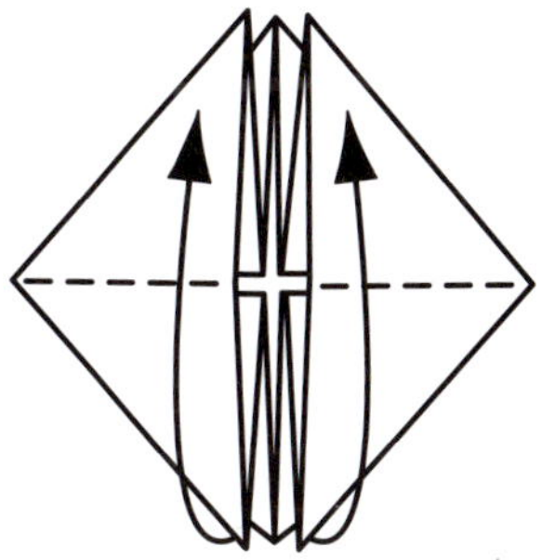

6 *Obere Lage falten.*

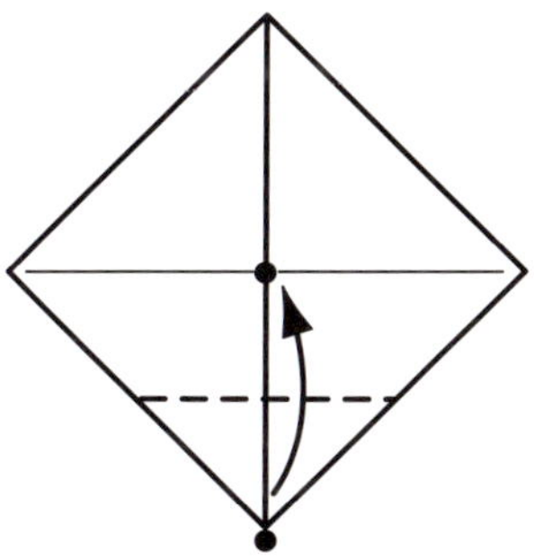

7

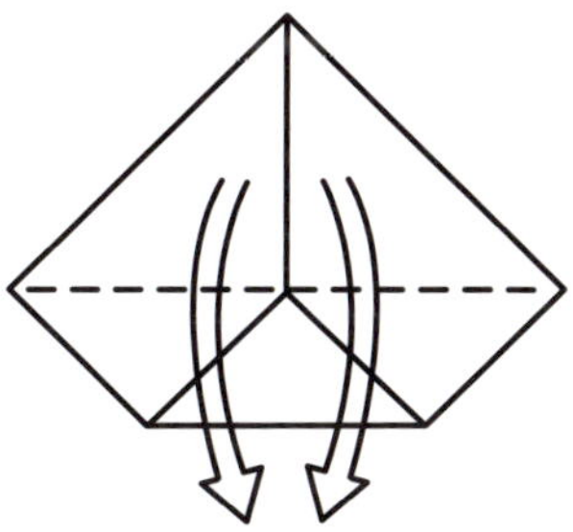

8 *Obere Lagen entfalten.*

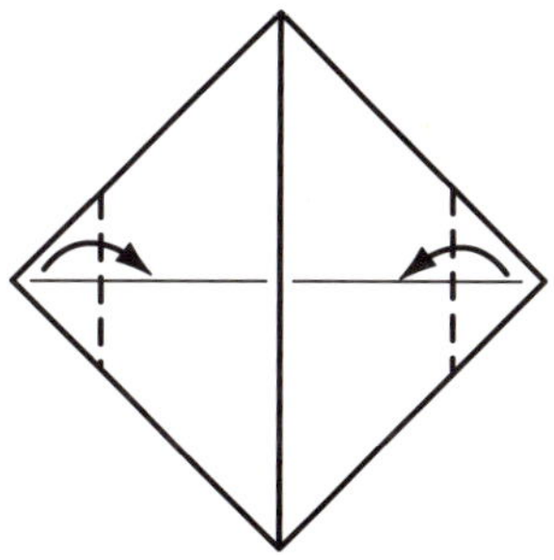

9

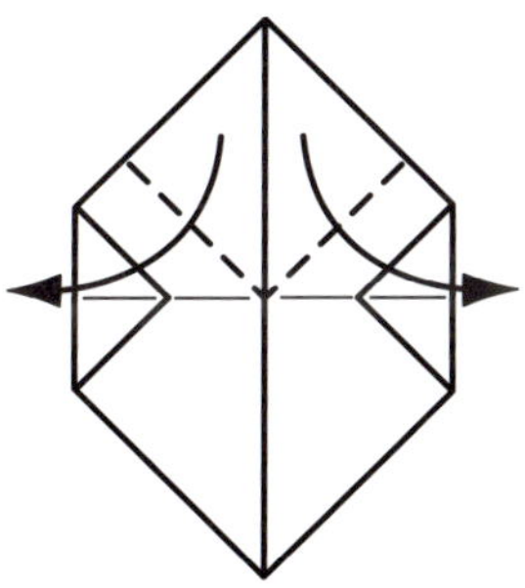

10

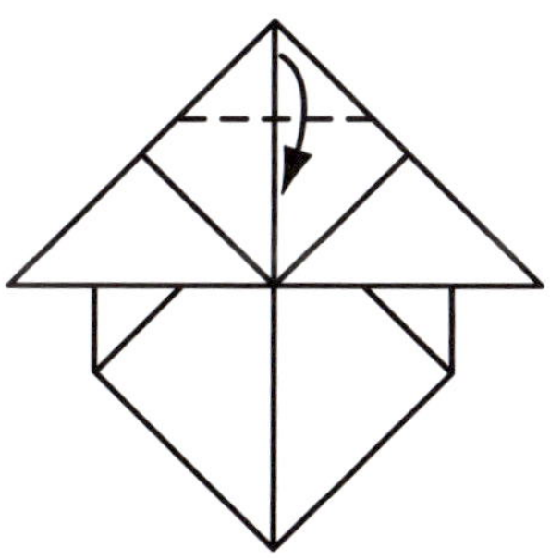

11

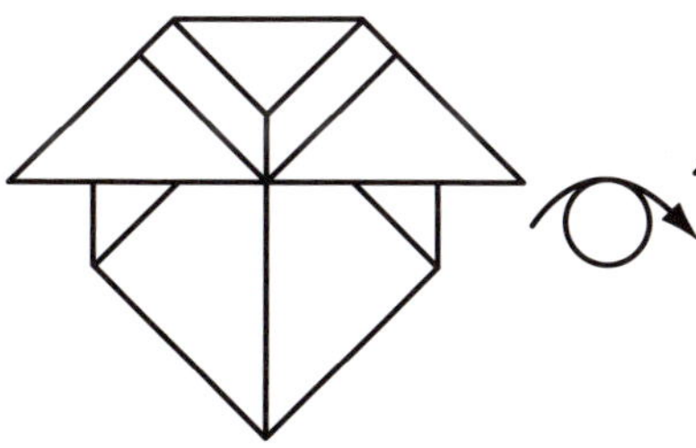

12

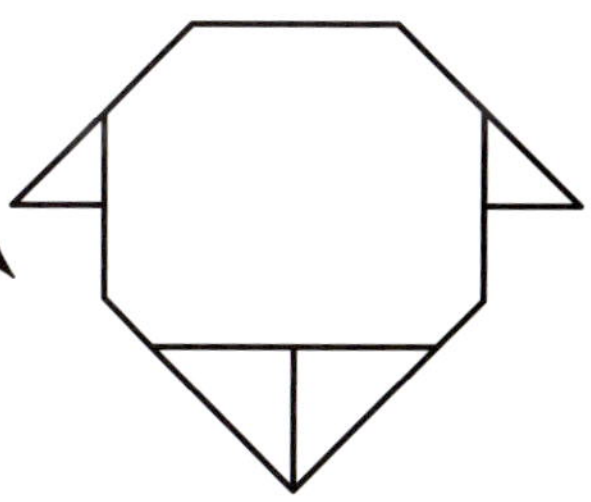

13

Kopf & Hals

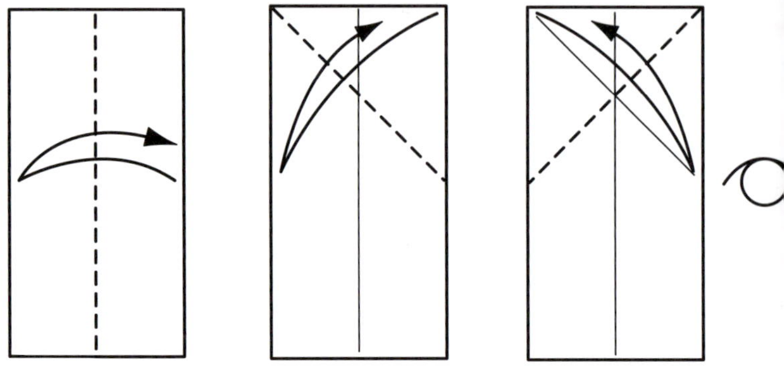

1 *Rückseite liegt oben.* **2** **3**

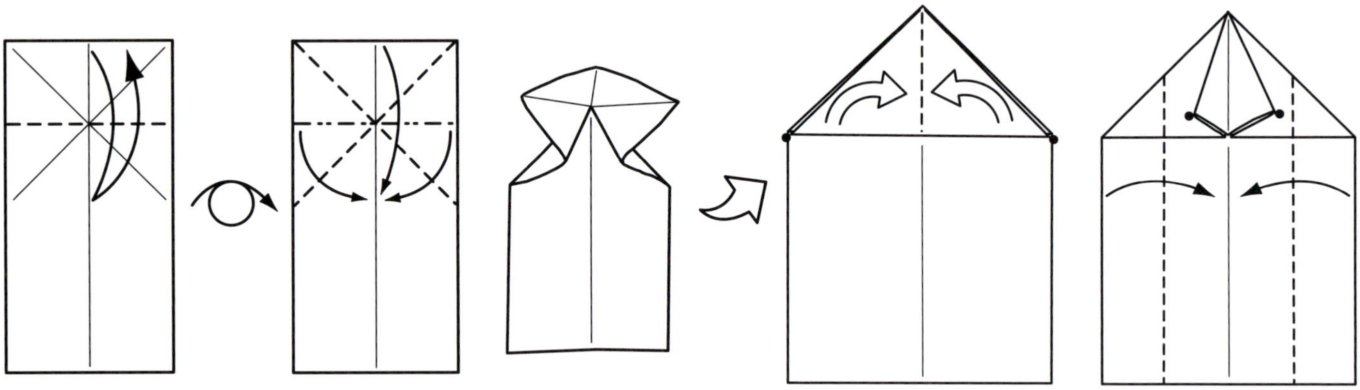

4 **5** **6** **7** *Dreieck hochklappen.* **8**

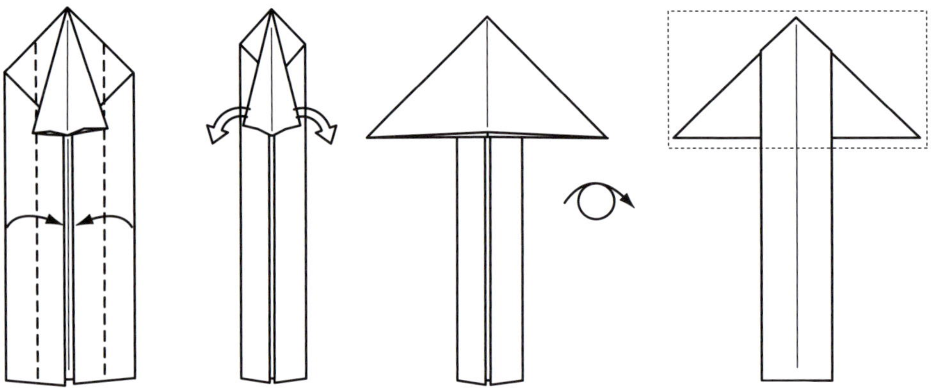

9 **10** *Dreieck wieder herunterklappen.* **11** **12**

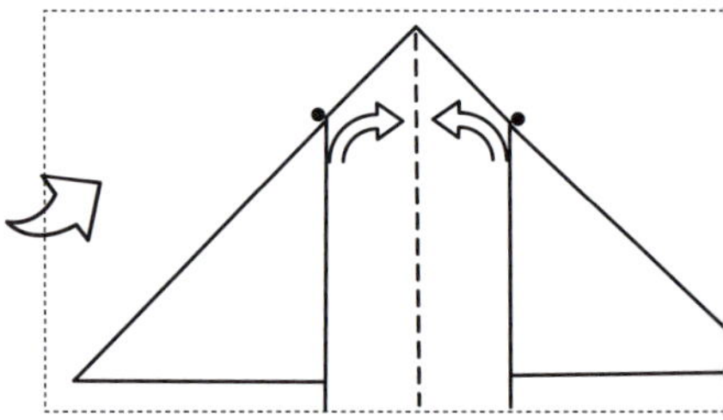

13 *Obere Lagen hochklappen.*

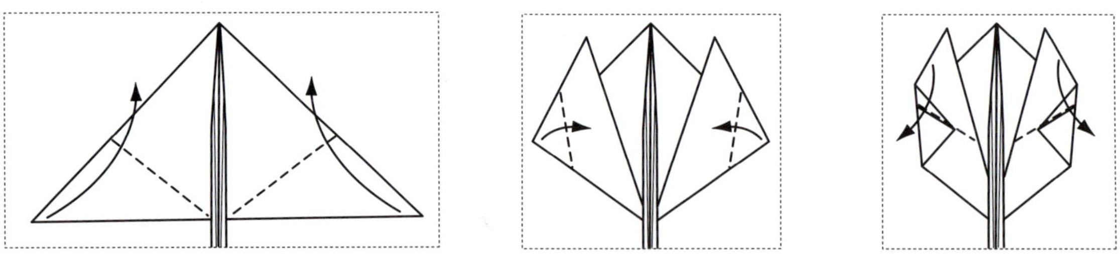

14 **15** **16**

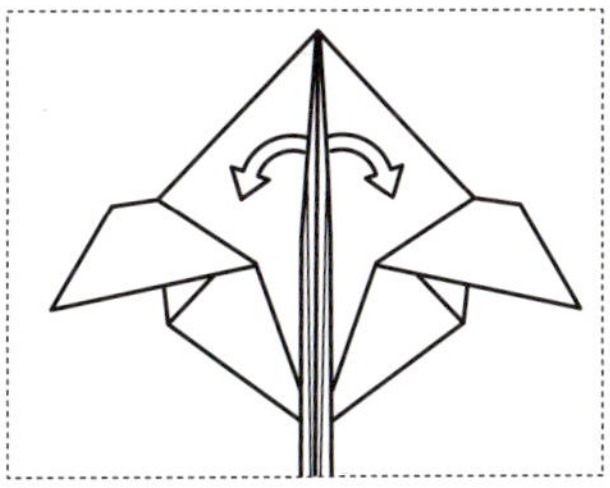

17 *Obere Lagen wieder herunterklappen.*

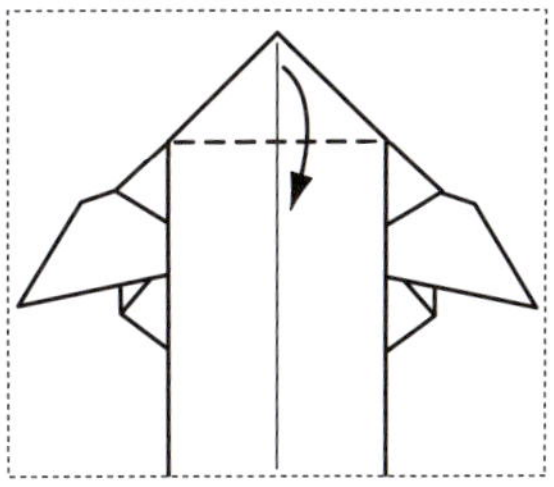

18

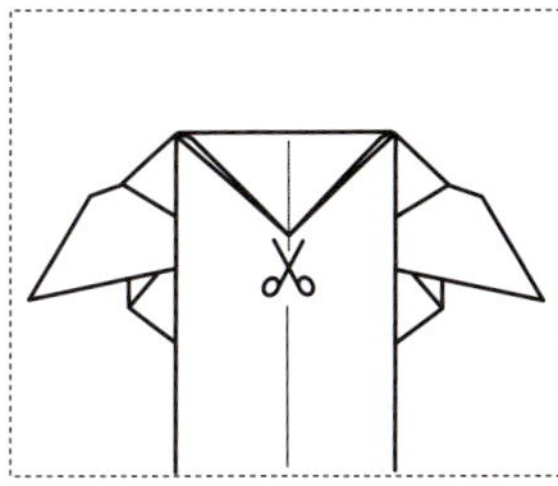

19

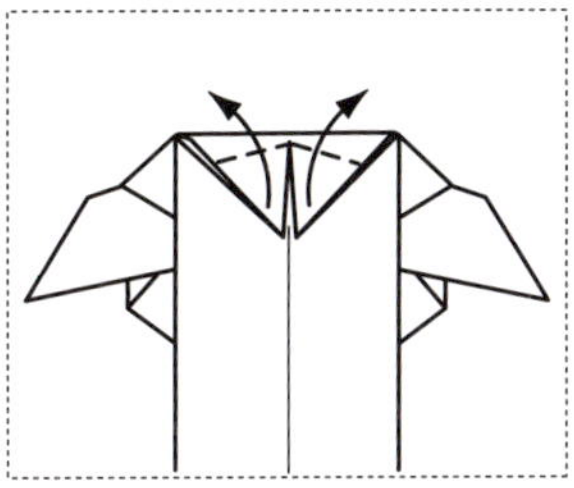

20

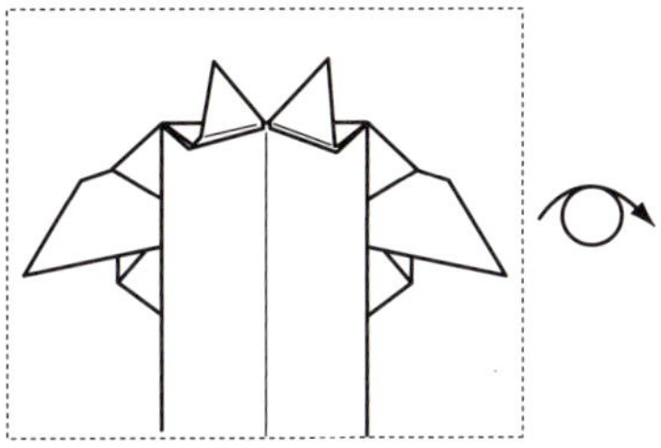

21

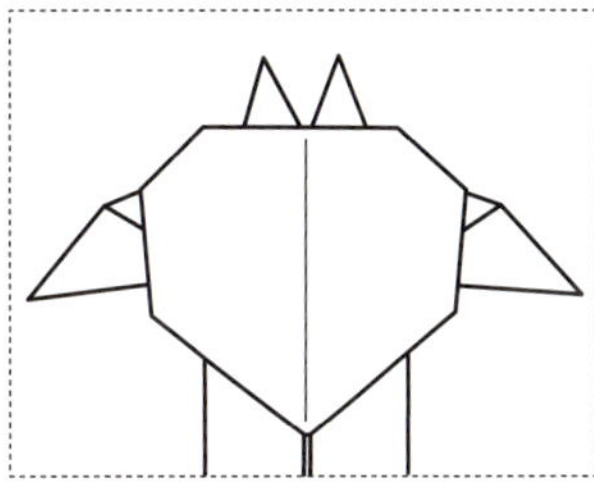

22

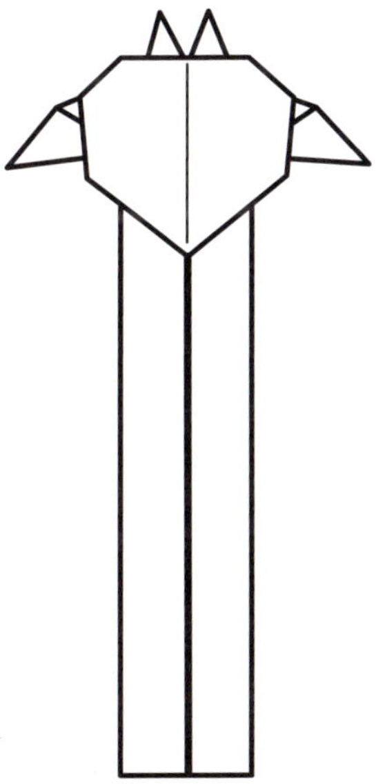

23

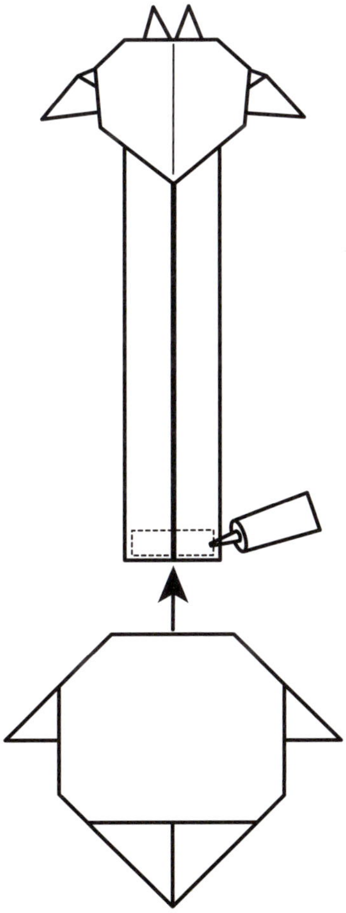

24 *Hals und Körper zusammenkleben.*

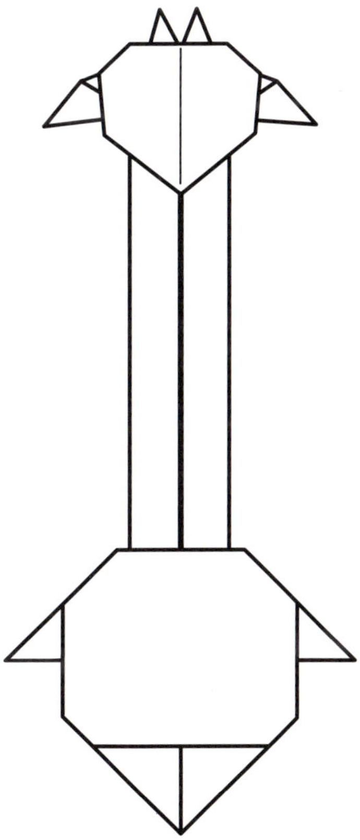

25

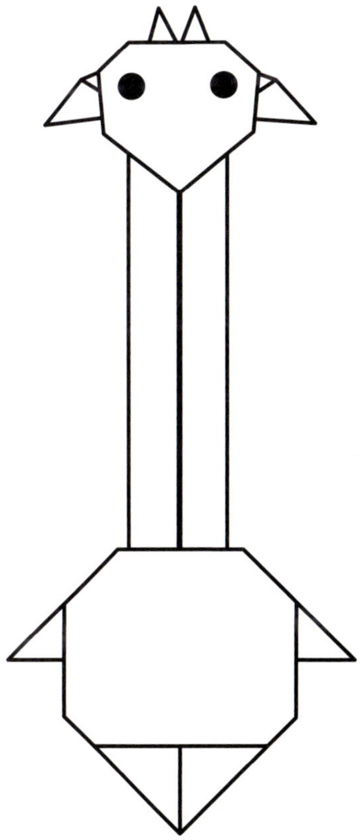

26

Zirkuslöwen

Material

Kopf
- Origami-Faltblatt, einseitig bedruckt, in Hellbraun, 10 x 10 cm

Körper
- Origami-Faltblatt, einseitig bedruckt, in Hellbraun, 15 x 15 cm

Mähne
- Faltblatt aus Plakatpapier, superintensiv, in Braun, 8 x 8 cm, kreisrund geschnitten (8 cm Ø)

Zusätzlich
- Papierrest in Weiß
- Filzstift in Schwarz
- Korrekturstift in Weiß
- Zirkel
- Schere
- Klebstoff

Schwierigkeitsgrad
****

Kopf

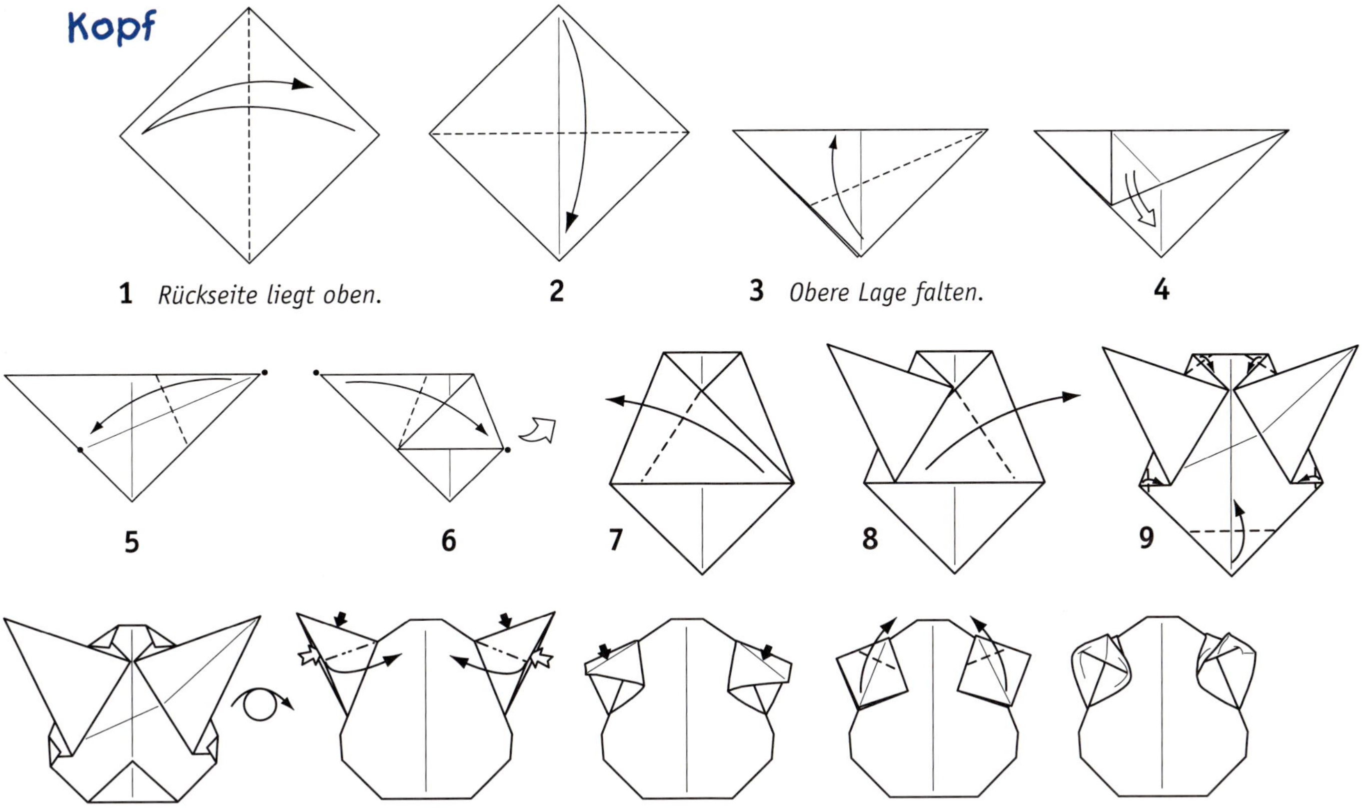

1 *Rückseite liegt oben.*

2

3 *Obere Lage falten.*

4

5

6

7

8

9

10

11

12

13

14

Körper

Schritte 1 bis 11 nach den Zeichnungen von Seite 32/33 (Teddybär – Körper) falten.

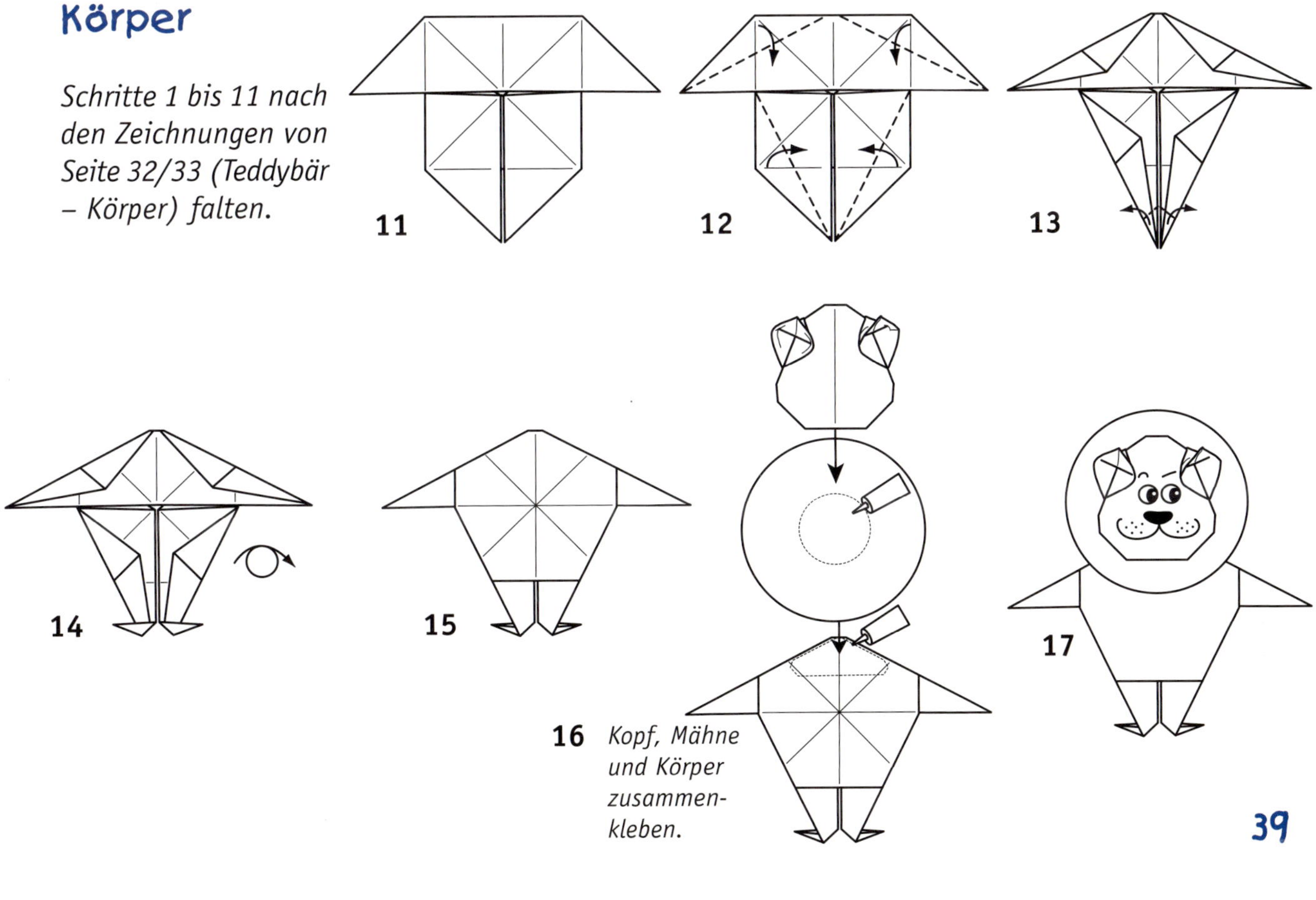

11

12

13

14

15

16 *Kopf, Mähne und Körper zusammenkleben.*

17

Fledermäuse

Material

- Origami-Faltblatt, einseitig bedruckt, in Violett, 15 x 15 cm
- Markierungspunkte in Schwarz, 8 mm Ø
- Filzstift in Schwarz
- Korrekturstift in Weiß

Schwierigkeitsgrad

**

Schritte 1 bis 7 nach den Zeichnungen von Seite 19 (Katz & Maus) falten.

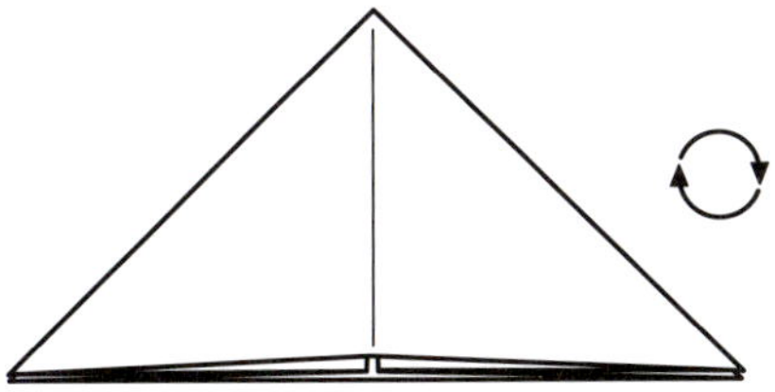

7

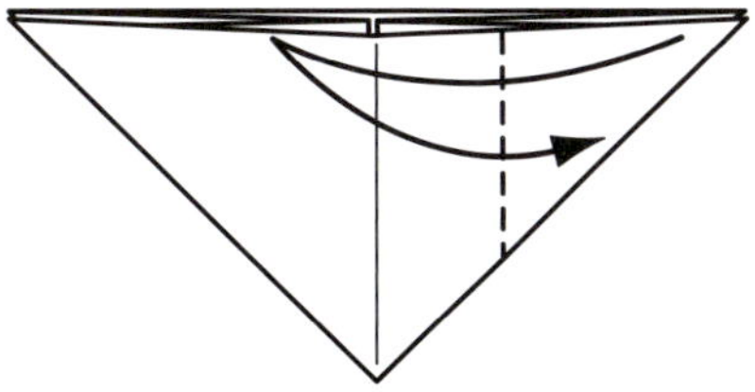

8 *Obere Lage falten.*

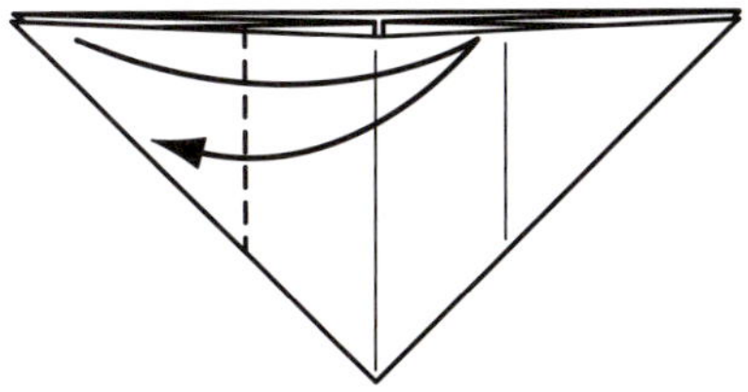

9 *Obere Lage falten.*

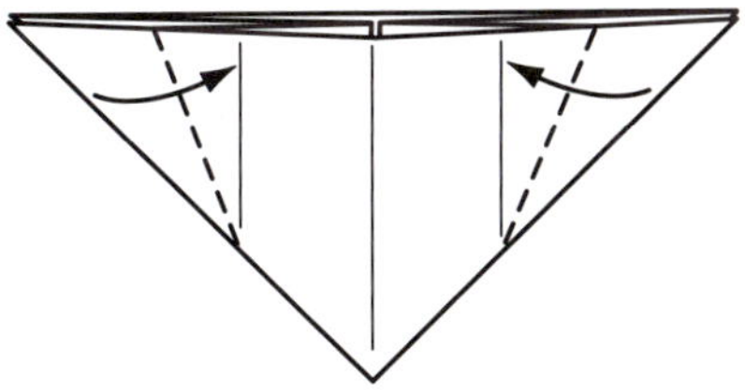

10 *Die beiden oberen Lagen falten.*

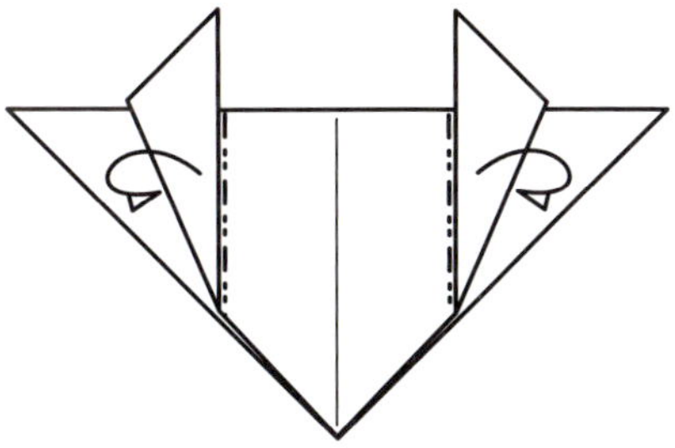

11

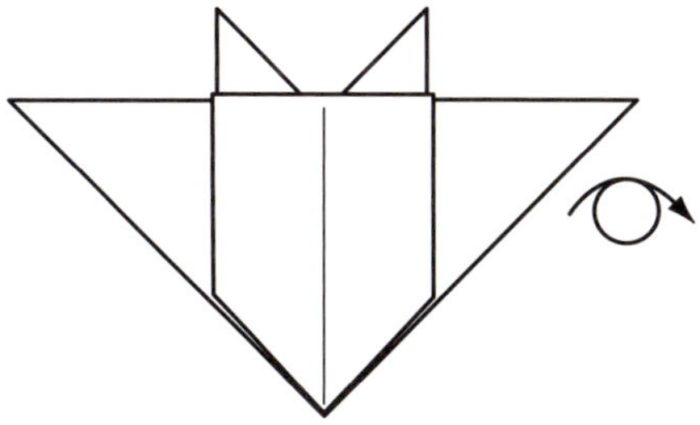

12

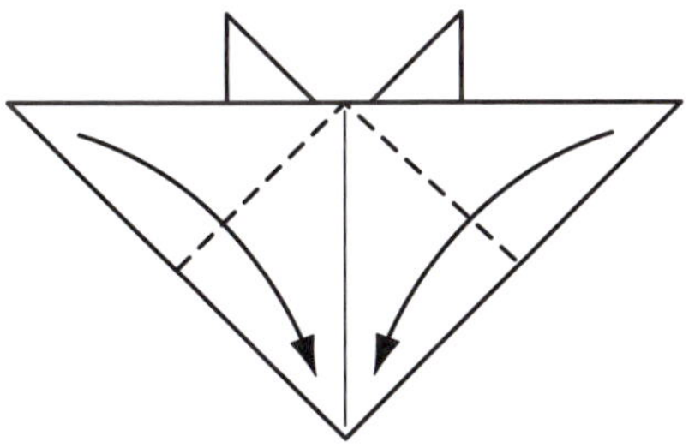

13

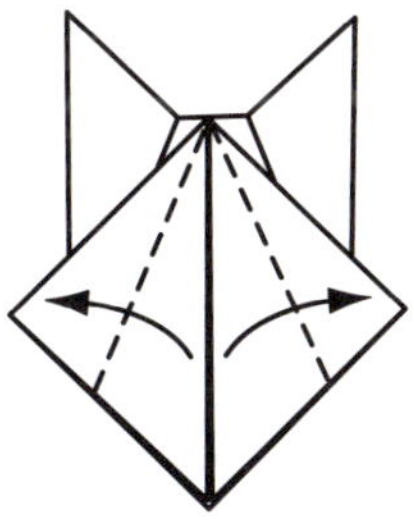

14

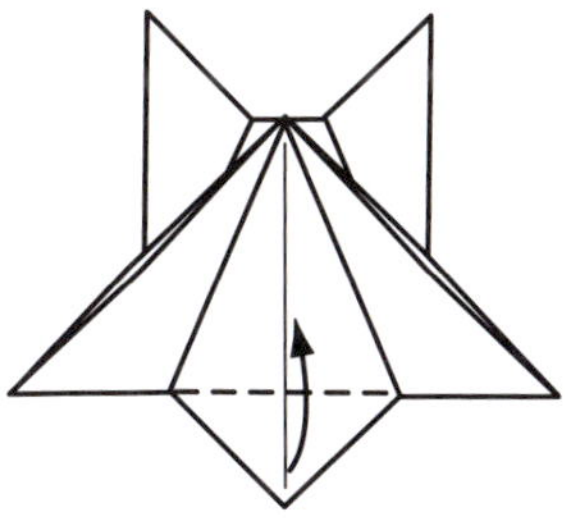

15

16

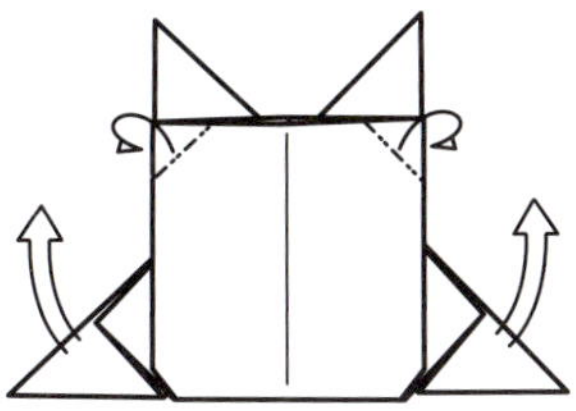

17

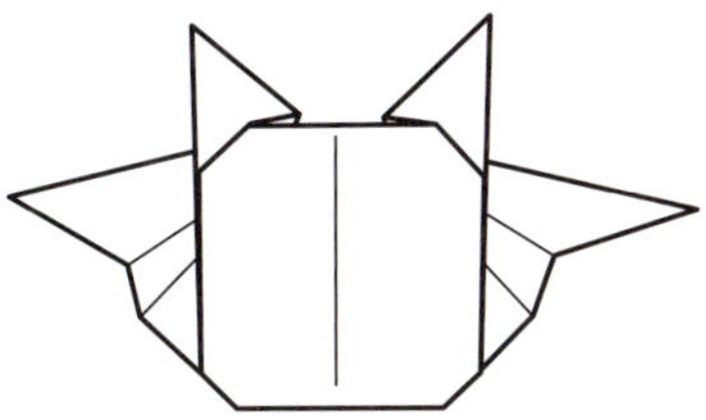

18

19

Käuzchen

Material

- Je 2 Origami-Faltblätter, einseitig bedruckt, in Gelb, Orange oder Hellbraun, 15 x 15 cm
- Papierrest in Weiß
- Filzstift in Schwarz
- Schere
- Klebstoff
- 1-Cent-Münze als Schablone

Schwierigkeitsgrad

***

Tipp

Für die Augen eine kleine Münze auf weißes Papier legen und die Umrisse mit einem schwarzen Filzstift nachzeichnen. Die Pupillen ausmalen, die Augenpunkte ausschneiden und auf den Kopf kleben.
Anstelle der ausgeschnittenen Punkte können auch selbstklebende Markierungspunkte in Weiß und Schwarz verwendet werden.

Kopf

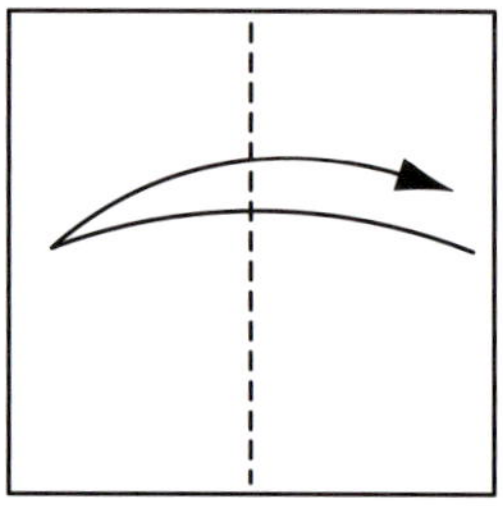

1 *Vorderseite liegt oben.*

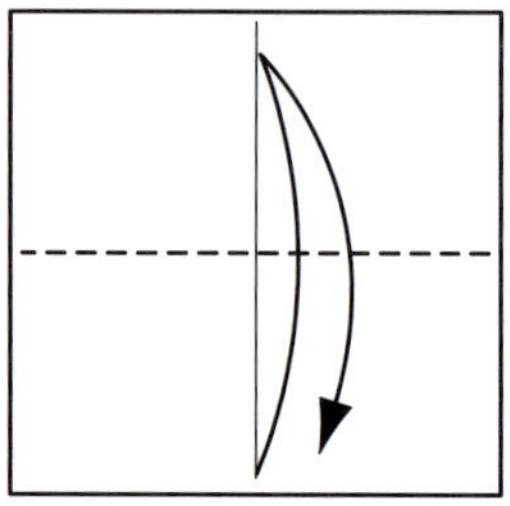

2

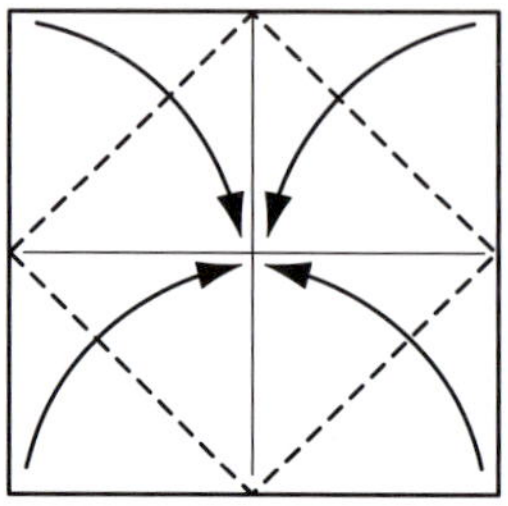

3

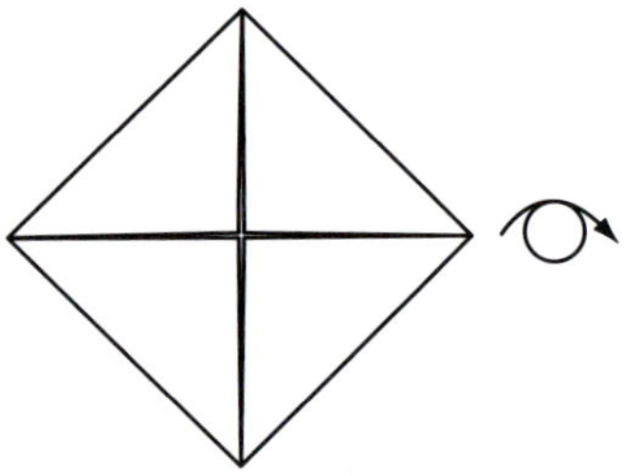

4

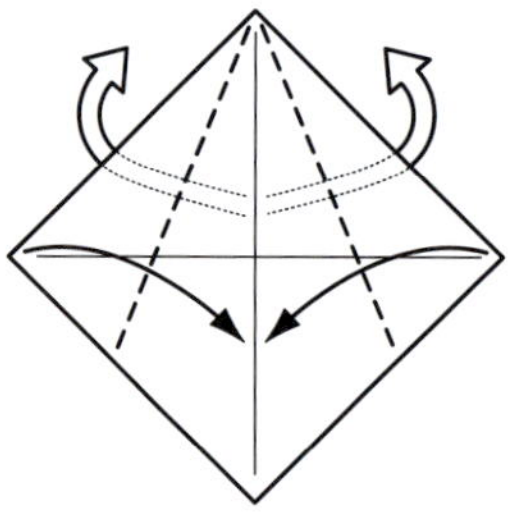

5

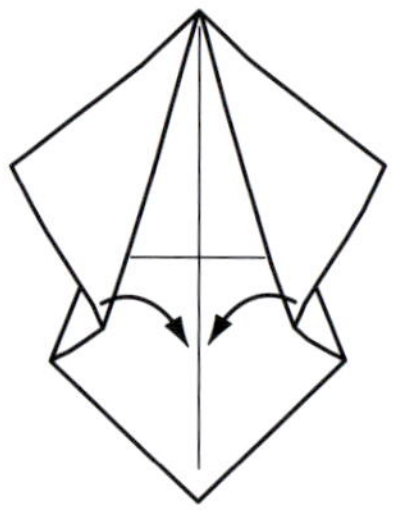

6

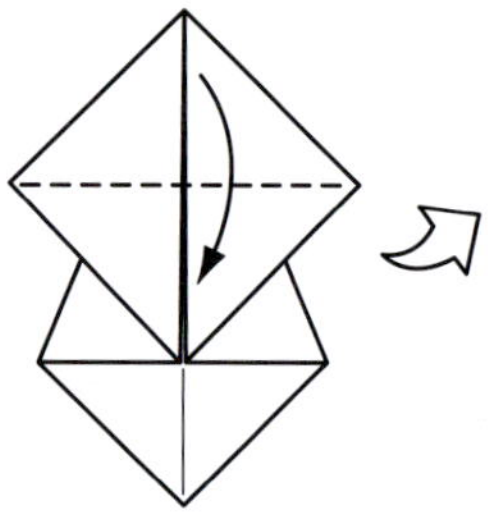

7

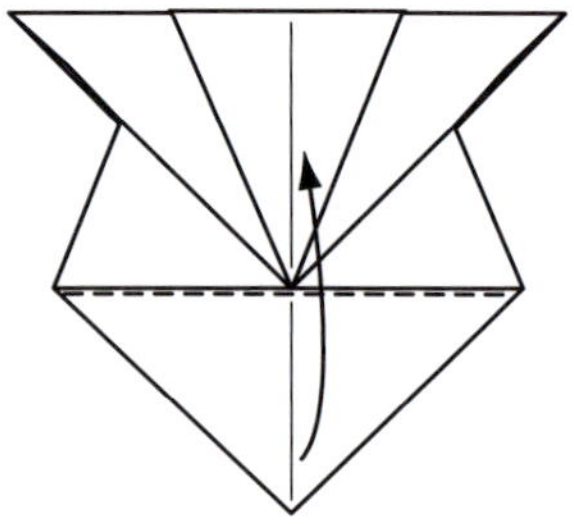

8

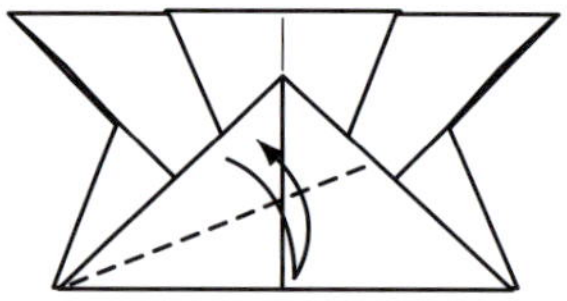

9

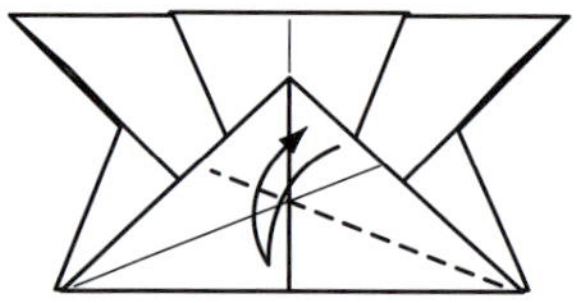

10

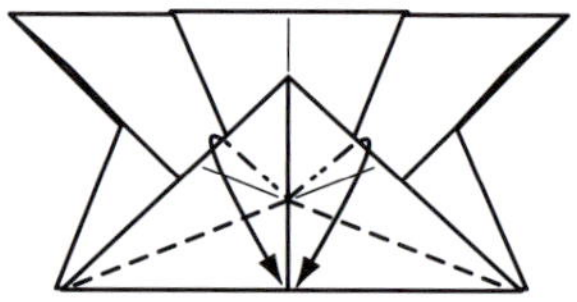

11

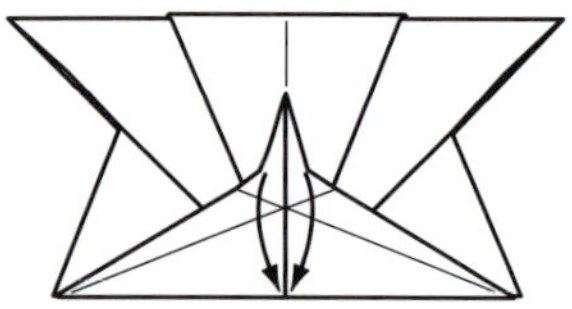

12

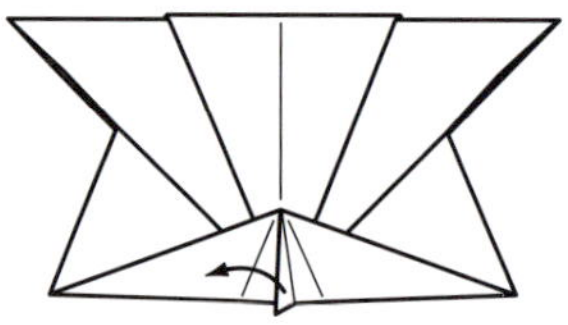

13

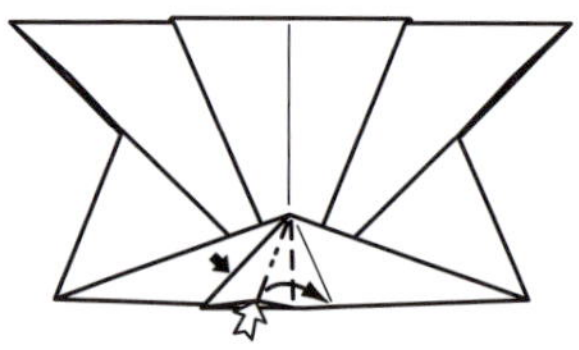

14

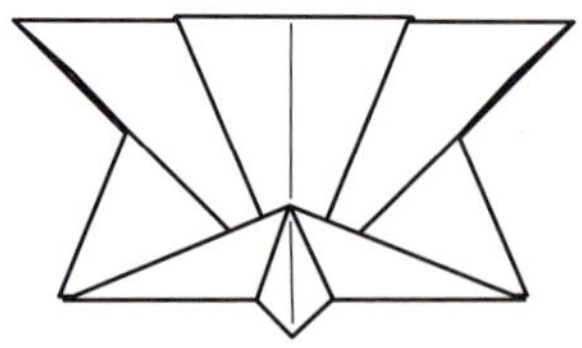

15

Körper

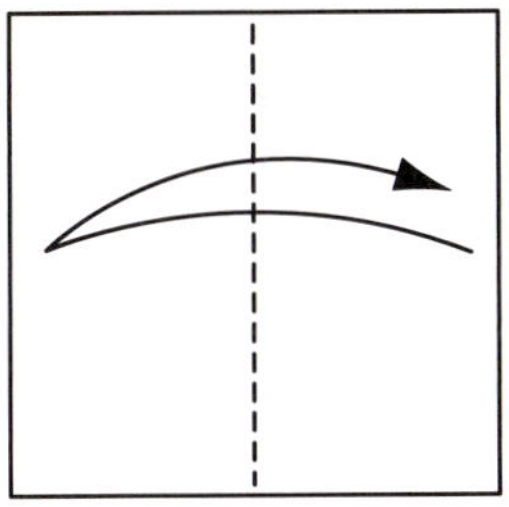

1 *Vorderseite liegt oben.*

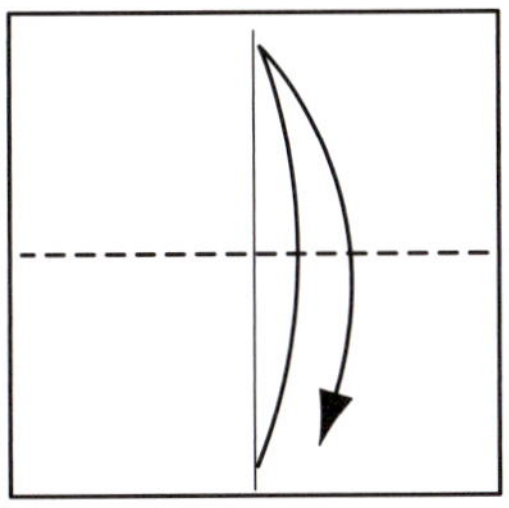

2

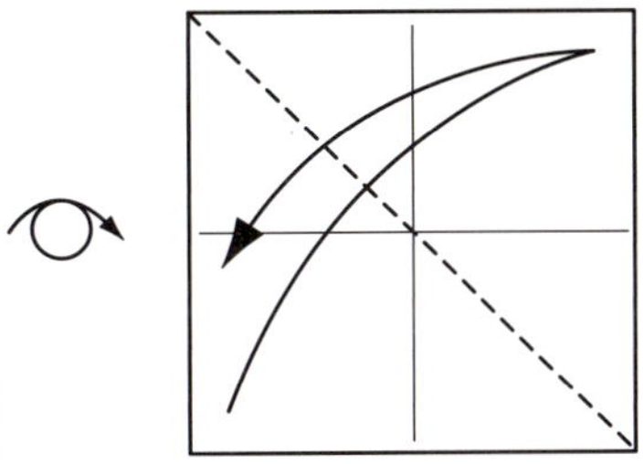

3

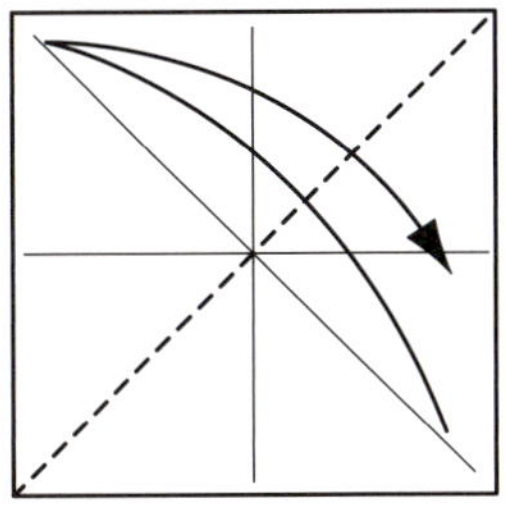

4

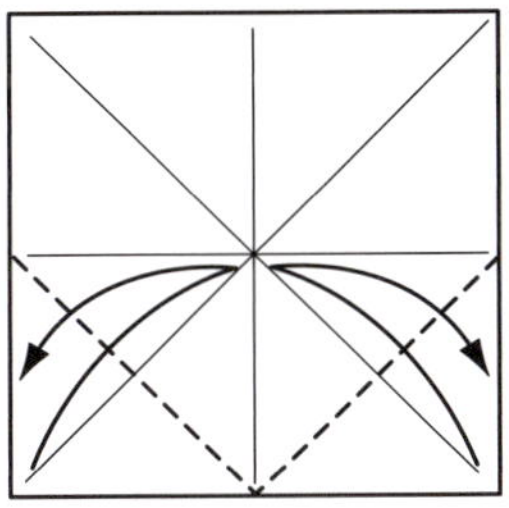

5

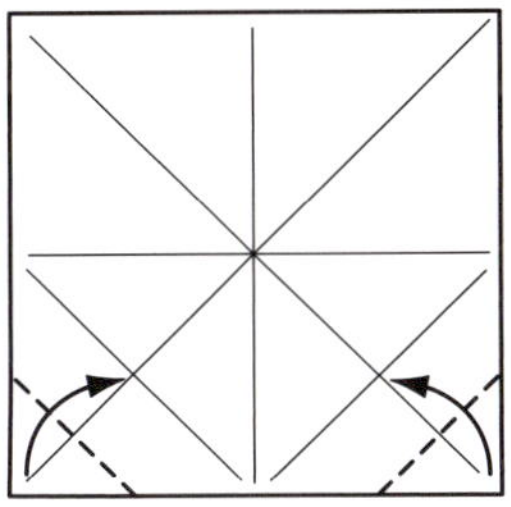

6

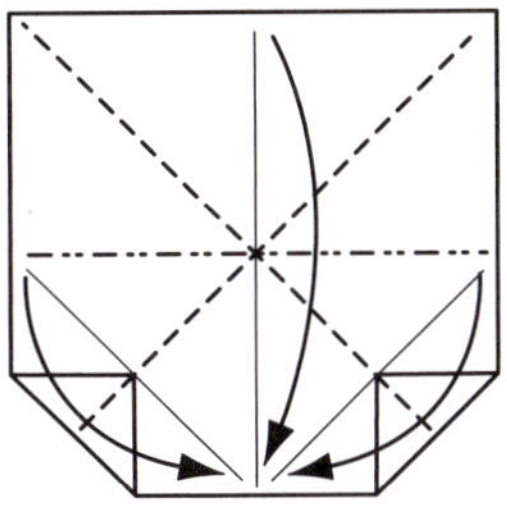

7

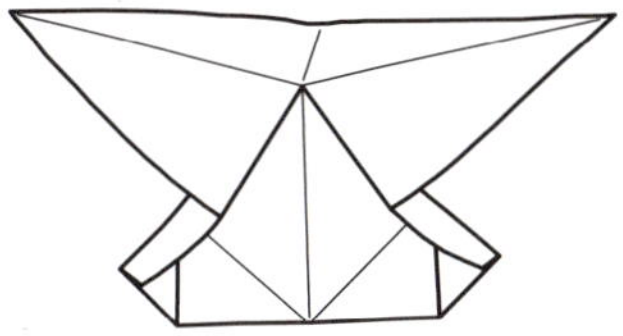

8

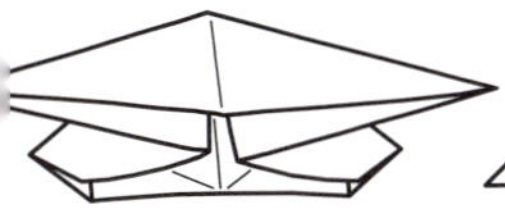

9

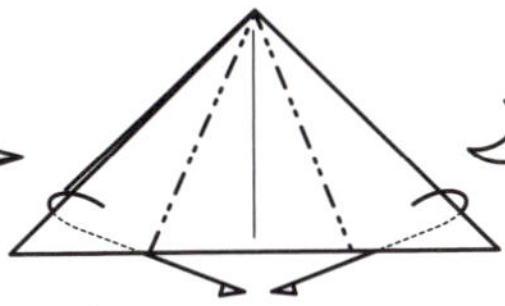

10 *Obere Lagen zwischen die unteren Lagen nach hinten falten.*

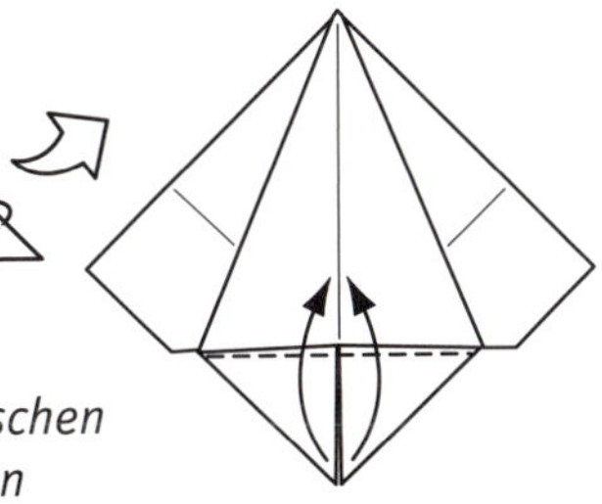

11

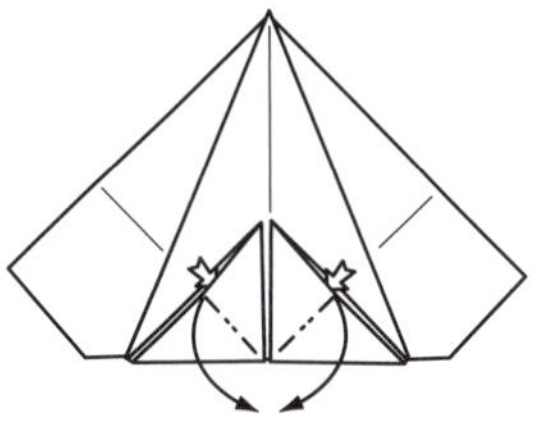

12

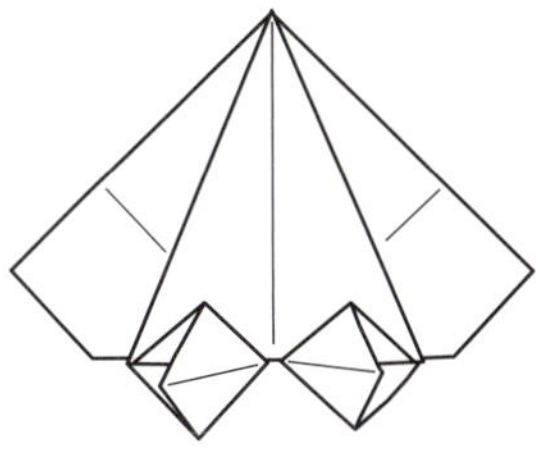

13

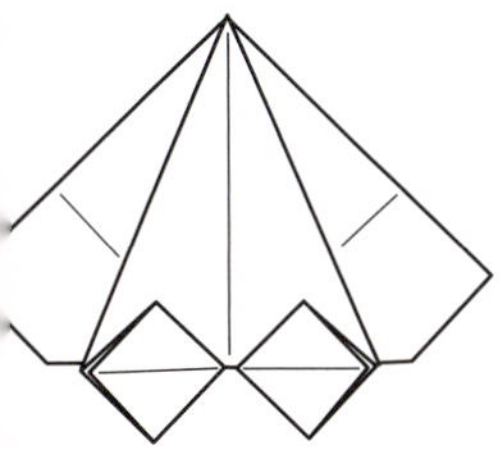

14

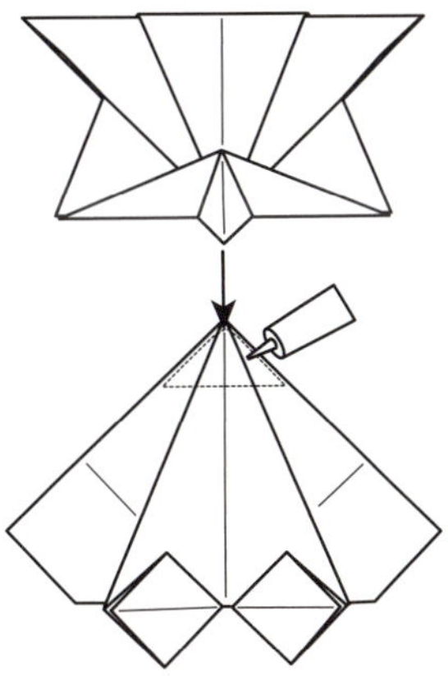

15 *Kopf und Körper zusammenkleben.*

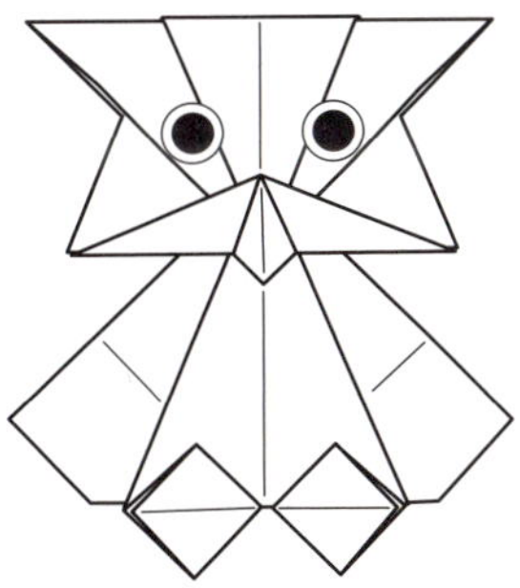

16

Halloween

Material

Hexe

- 2 Origami-Faltblätter, einseitig bedruckt, in Dunkelblau oder Dunkelviolett, 15 x 15 cm
- Markierungspunkte in Weiß, 12 mm Ø
- Markierungspunkte in Schwarz, 12 und 8 mm Ø
- Korrekturstift in Weiß

Besen

- 2 Faltblätter aus Plakatpapier, super-intensiv, in Braun, 15 x 15 cm
- Bleistift

Alle

- Schere
- Klebstoff

Schwierigkeitsgrad

**

Tipp

Den Mund der Hexe aus einem großen, schwarzen Klebepunkt schneiden.

Hexe

Kopf

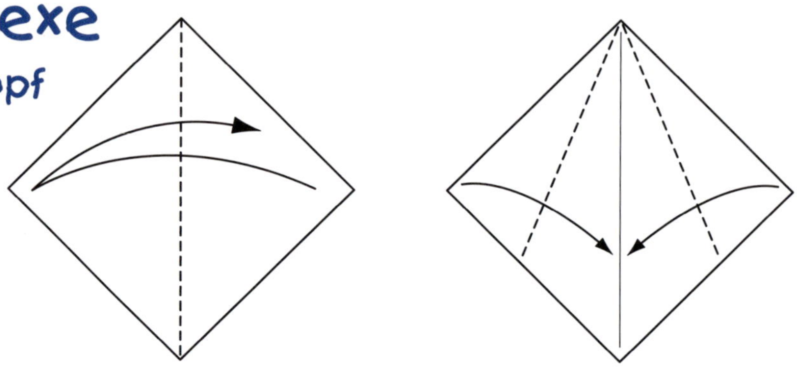

1 *Rückseite liegt oben.*

2

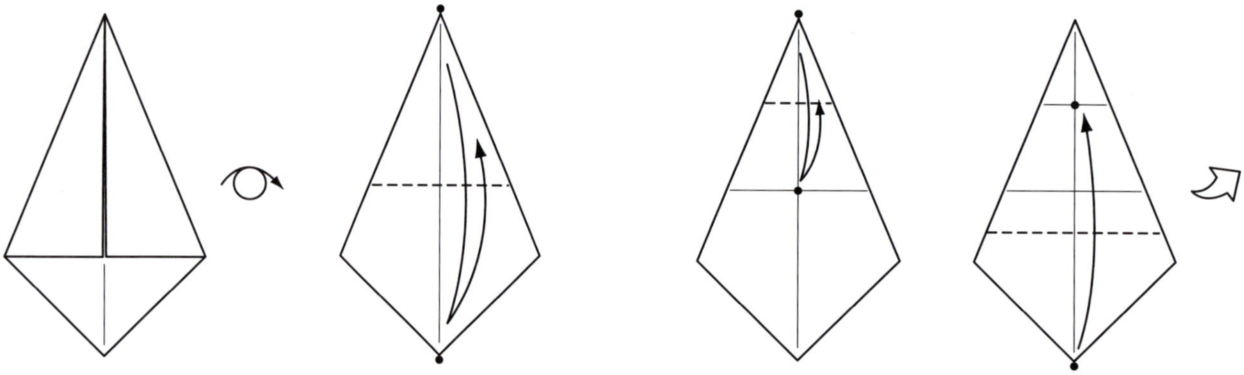

3 **4** **5** **6**

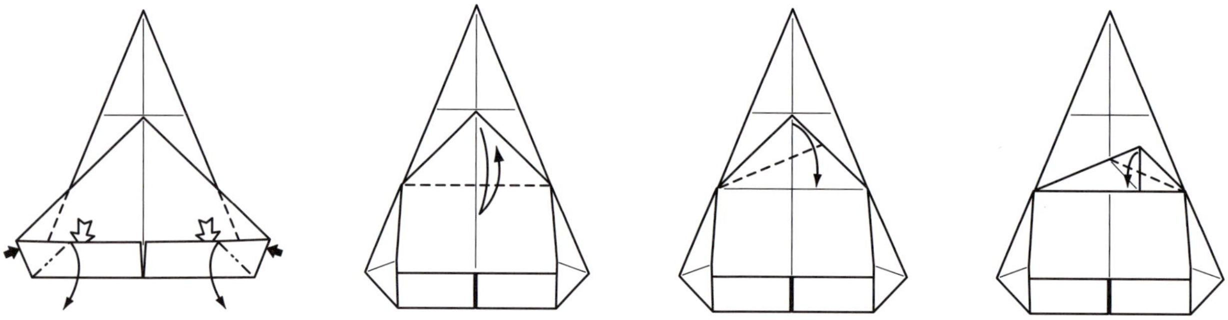

7 **8** **9** **10**

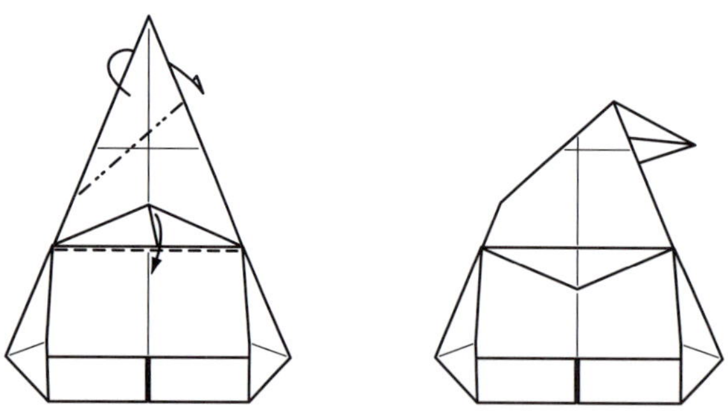

11 **12**

Körper

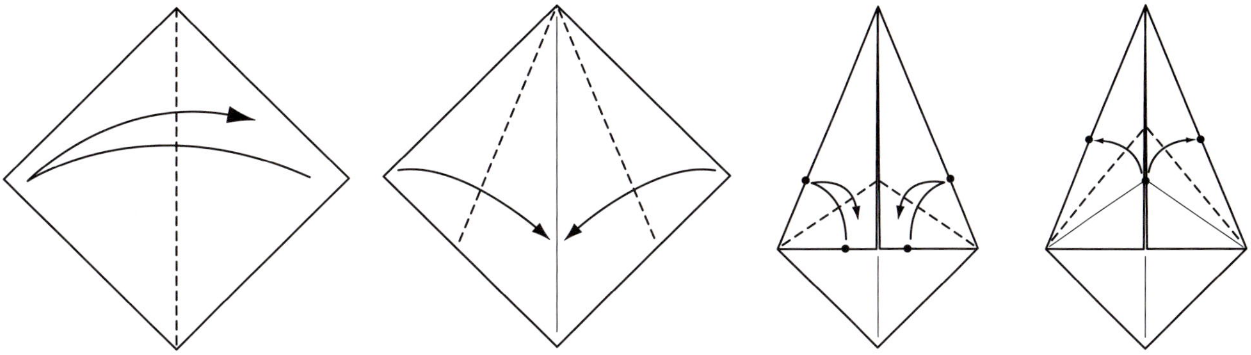

1 *Rückseite liegt oben.* 2 3 4

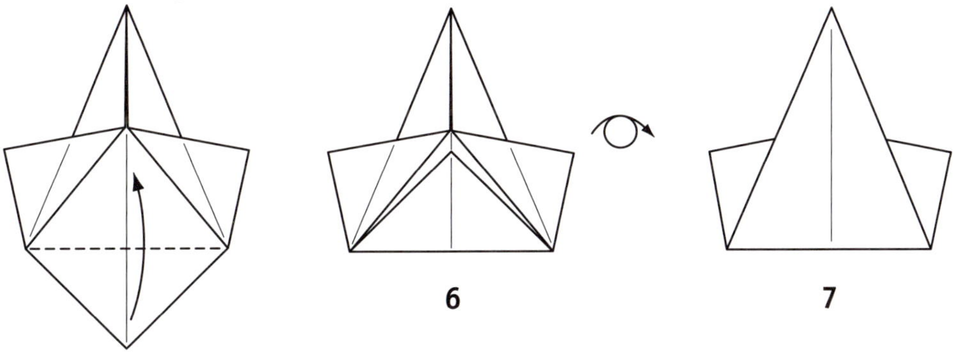

5 6 7

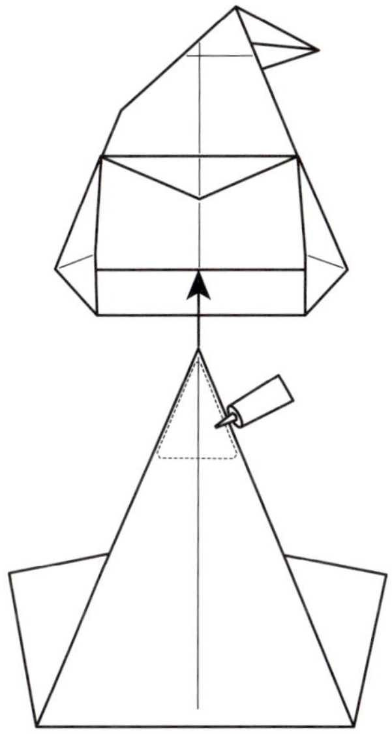

8 *Kopf und Körper zusammenkleben.*

9

Hexenbesen

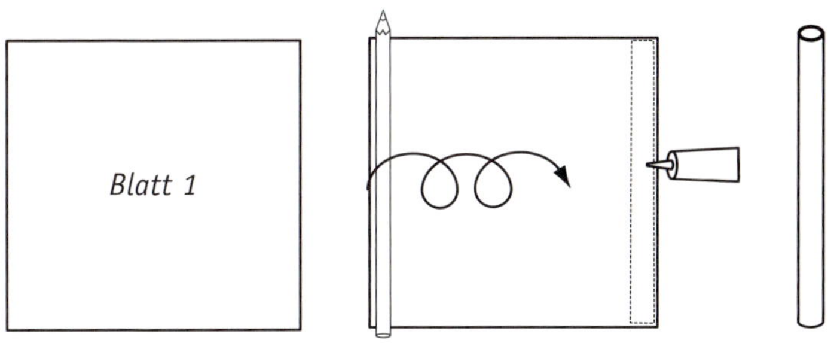

1 2 3

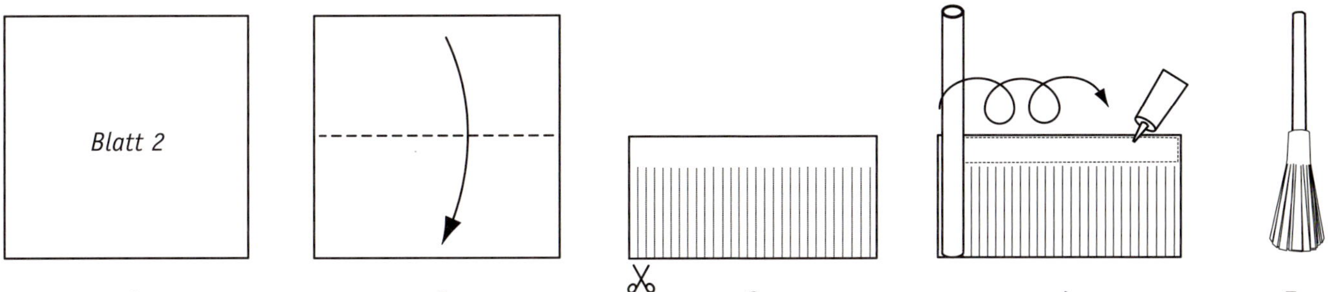

1 2 3 4 5

Sterne

Material

Stern oben

- 2x Druckerpapier, 80 g/qm, in Rot, 21 x 21 cm
- Druckerpapier, 80 g/qm, in Gelb, 16 x 16 cm

Stern unten

- 2x Druckerpapier, 80 g/qm, in Rot, 21 x 21 cm
- Origami-Faltblatt, einseitig bedruckt, in Orange, 15 x 15 cm
- Origami-Faltblatt, einseitig bedruckt, in Gelb, 8,5 x 8,5 cm

Schwierigkeitsgrad

****

Schritte 1 bis 7 nach den Zeichnungen von Seite 26 (Tulpenblüte) falten.

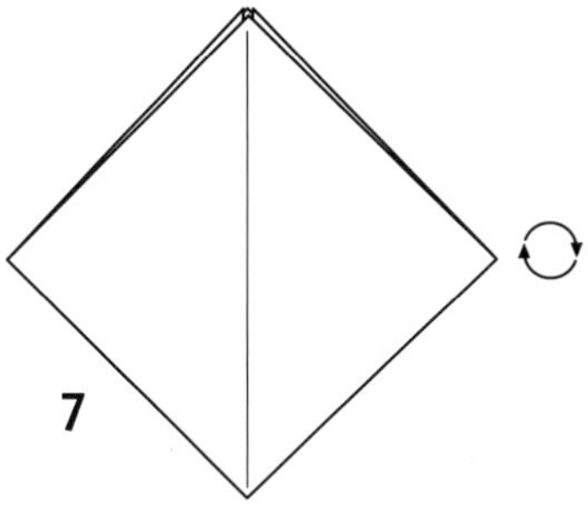
7

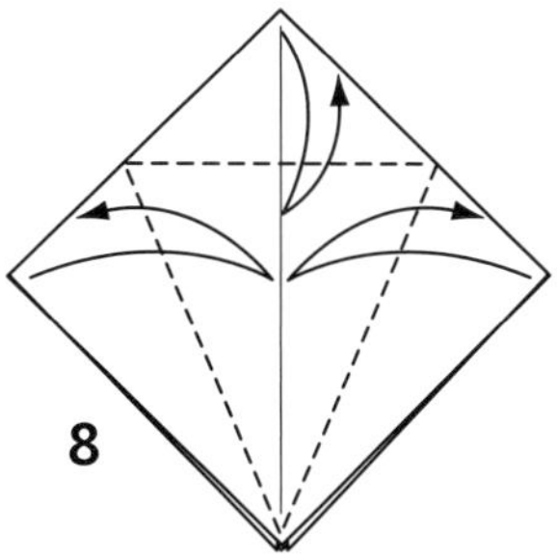
8

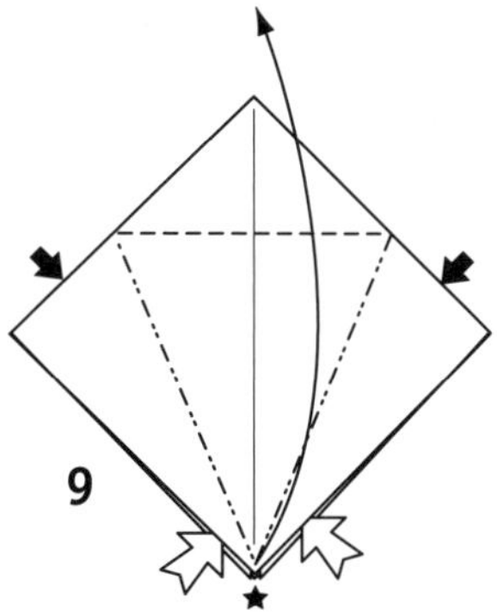
9

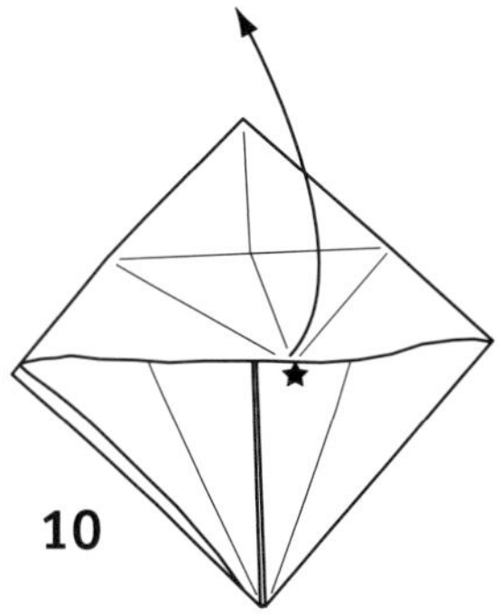
10

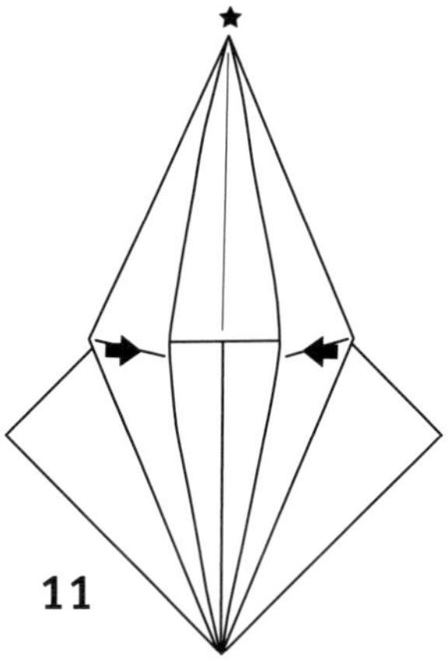
11

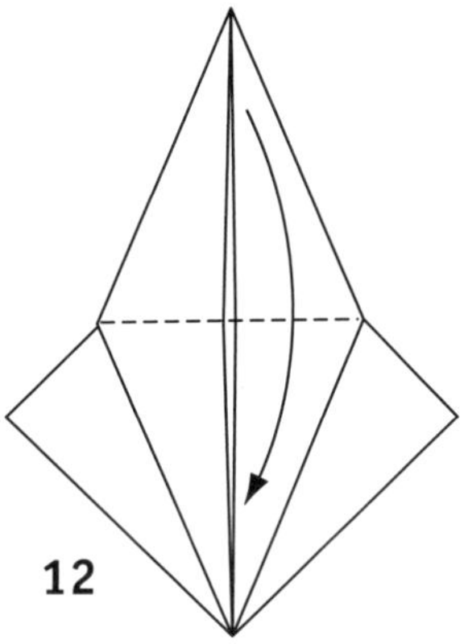
12

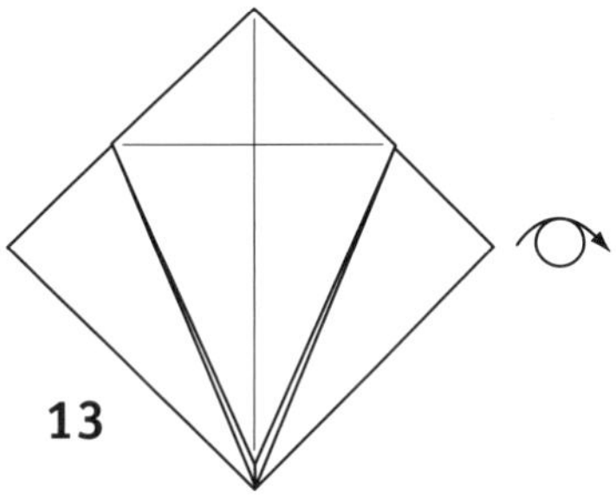
13

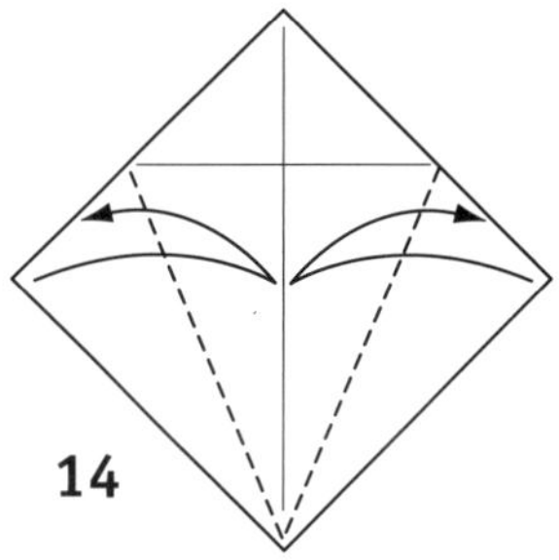
14

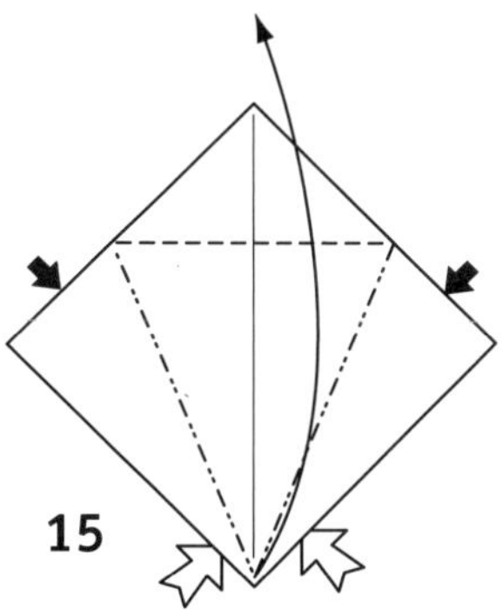
15

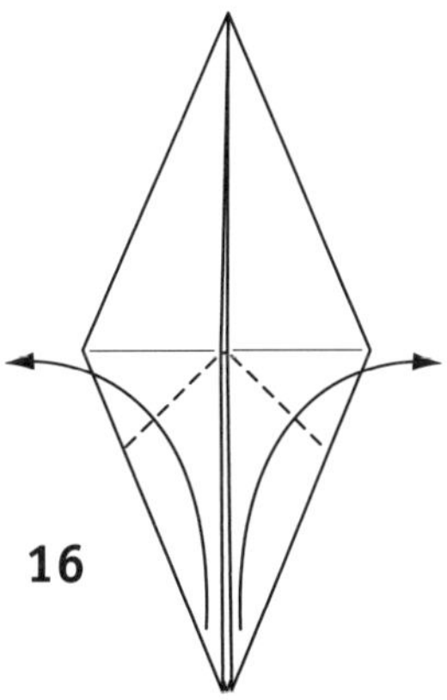
16

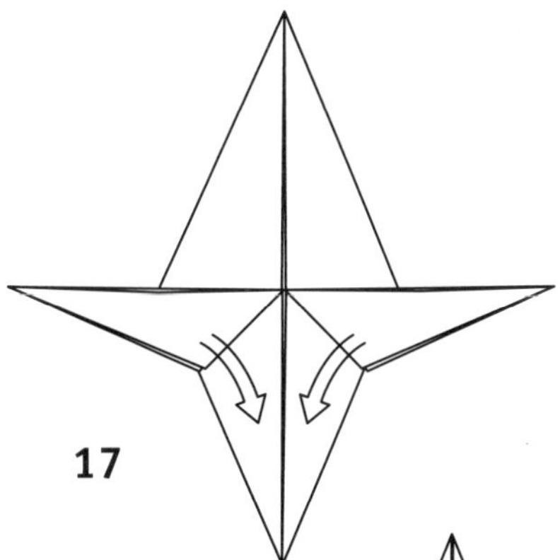
17

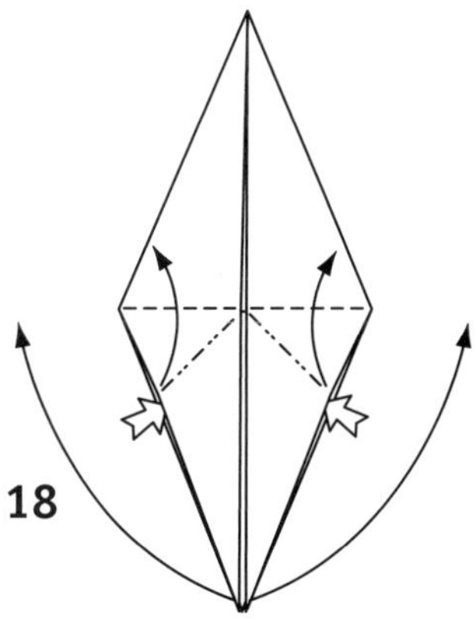
18

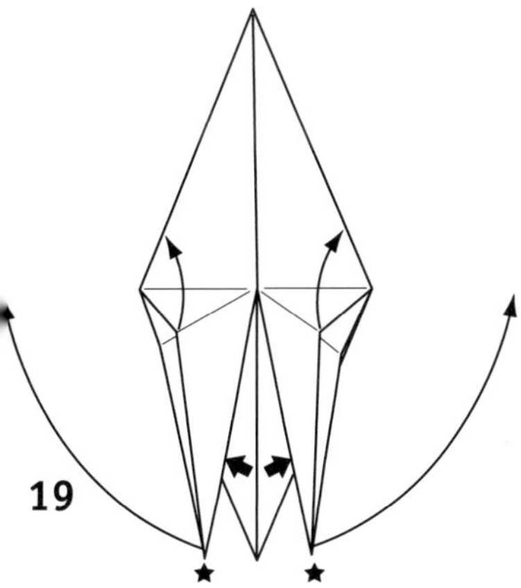
19

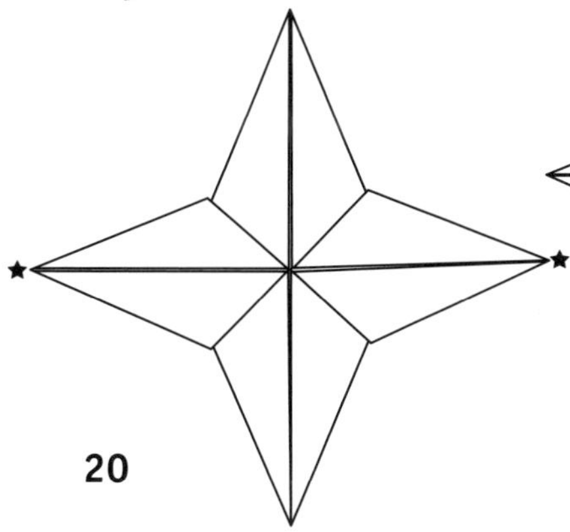
20

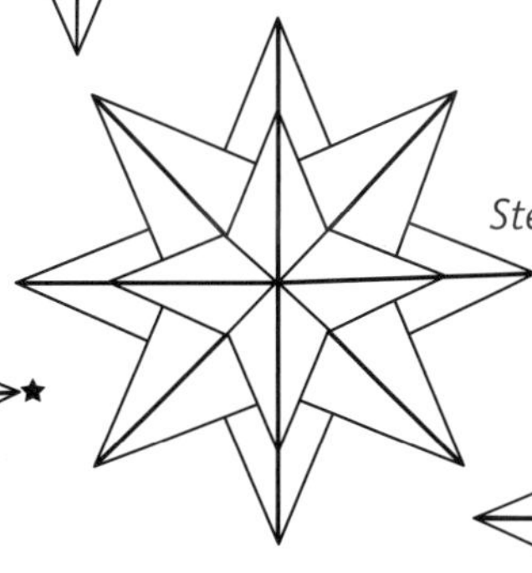
Stern oben

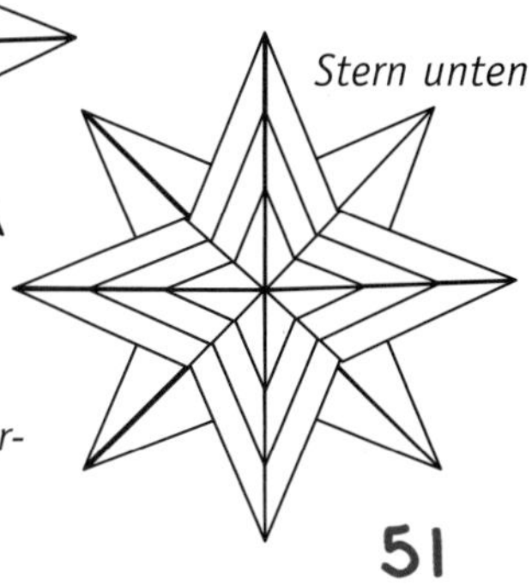
Stern unten

Mehrere Elemente versetzt übereinanderkleben.

Nikolaus & Glocke

Material

Nikolaus

- Origami-Faltblatt, einseitig bedruckt, in Rot, 15 x 15 cm
- Markierungspunkte in Weiß, 8 mm Ø
- Filzstifte in Rot, Schwarz
- Korrekturstift in Weiß

Schwierigkeitsgrad

***

Glocke

- Glanzpapier-Faltblatt, einseitig bedruckt, ungummiert, in Gelb, 10,5 x 10,5 cm

Schwierigkeitsgrad

**

Nikolaus

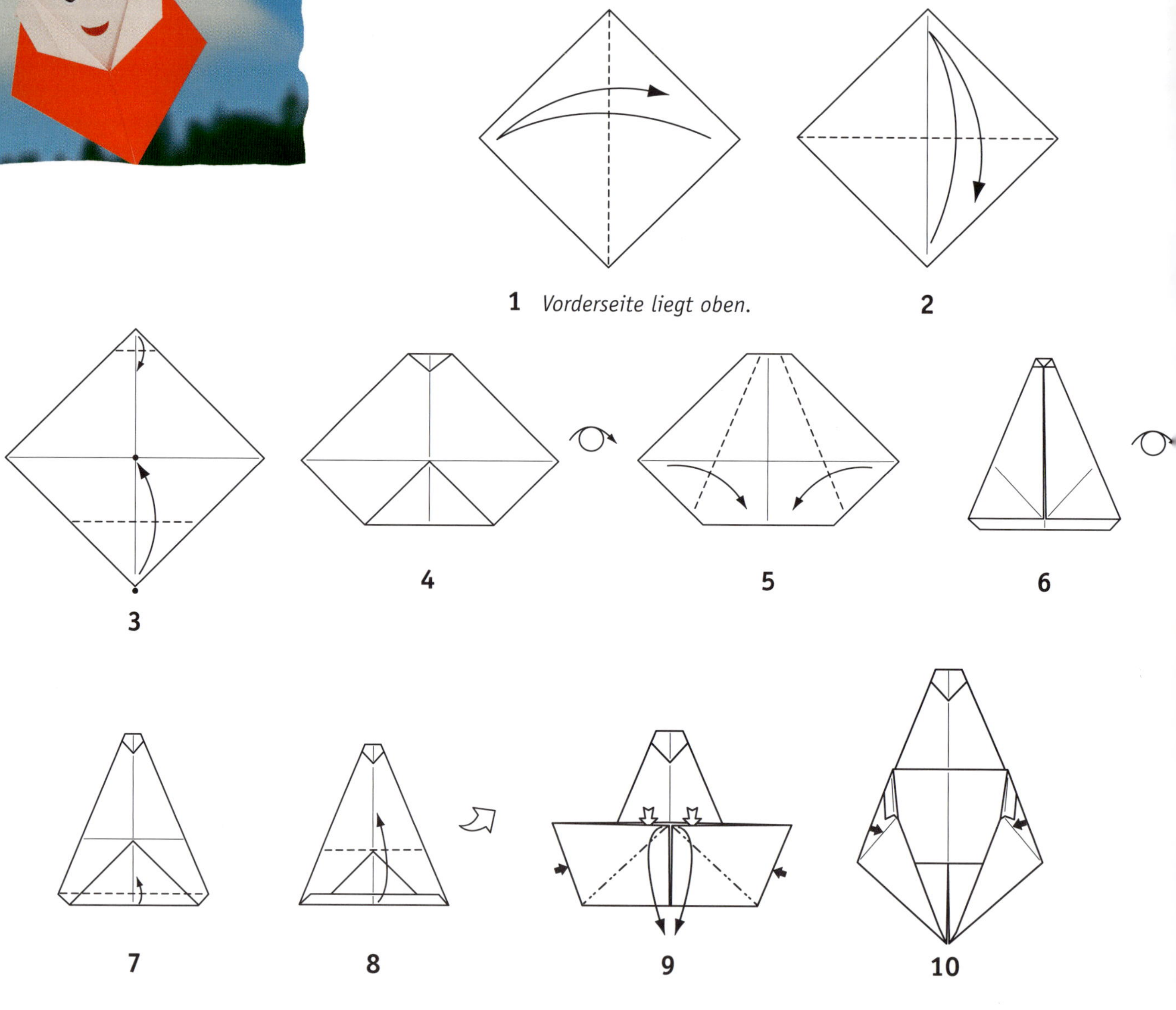

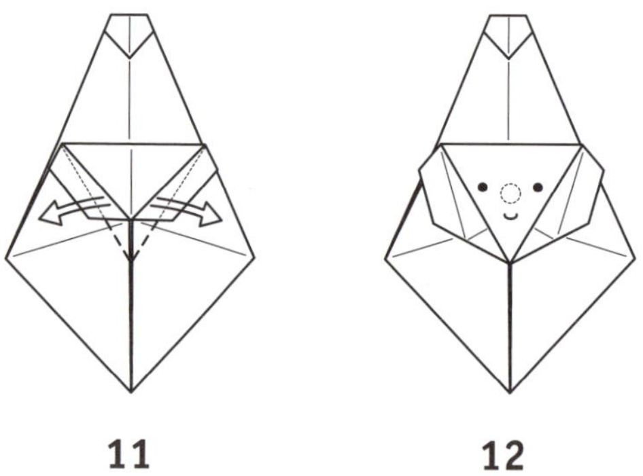

Glocke

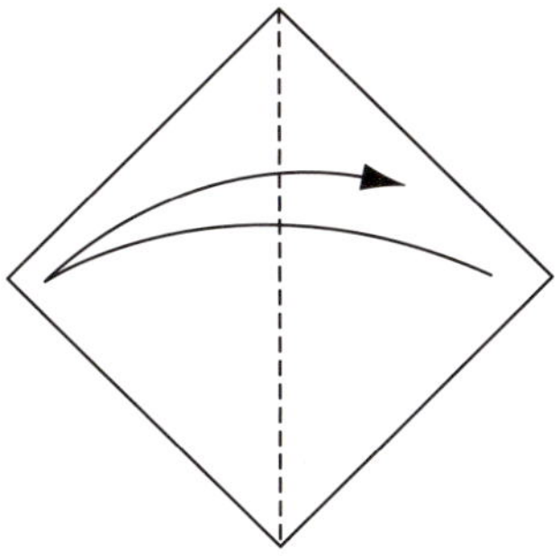

1 *Rückseite liegt oben.*

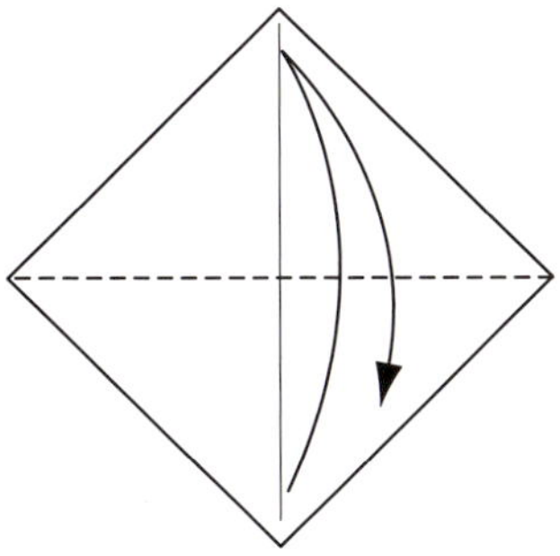

2

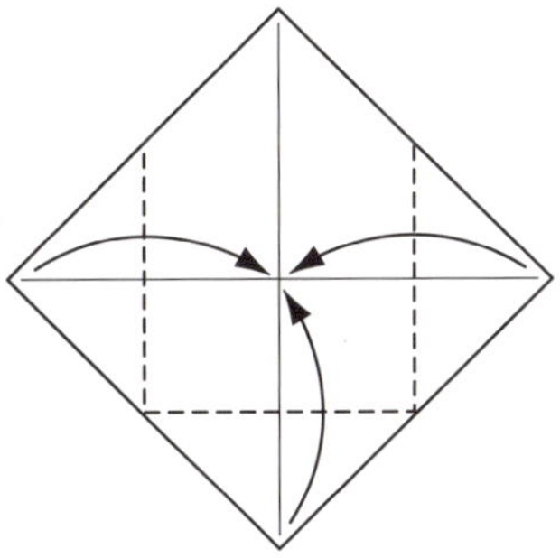

3

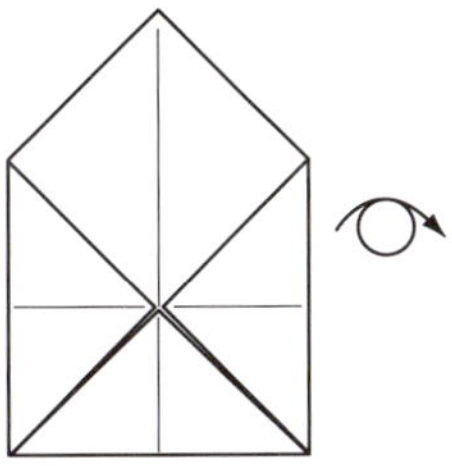

4

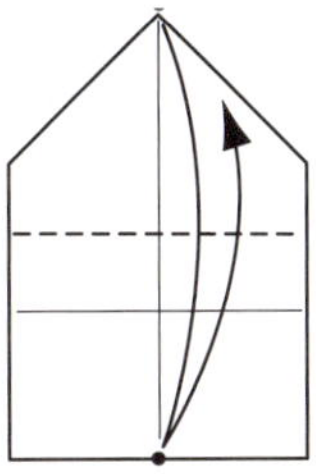

5

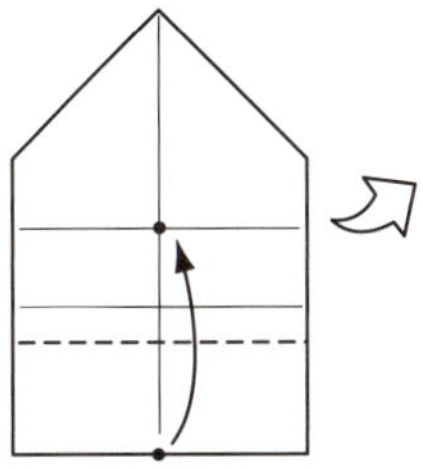

6

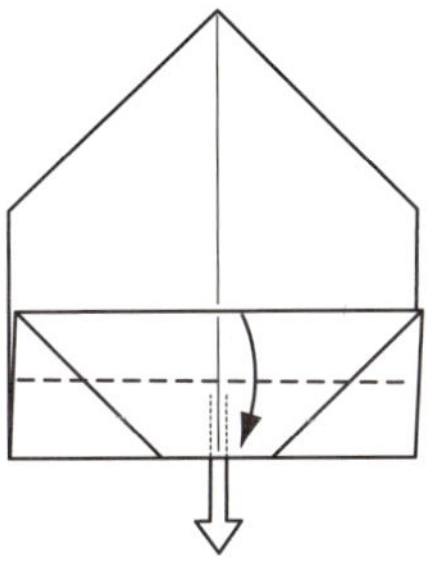

7

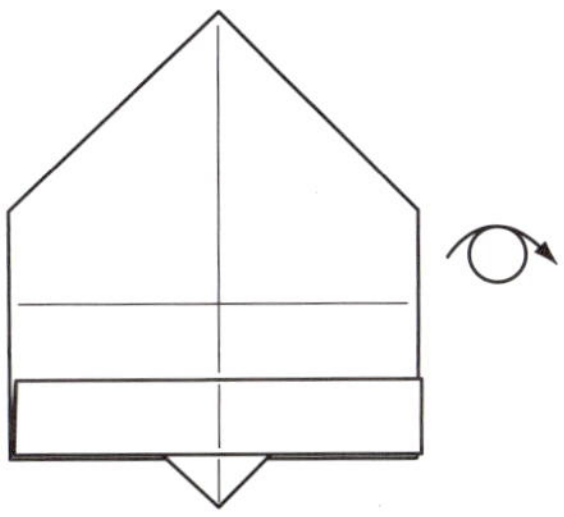

8

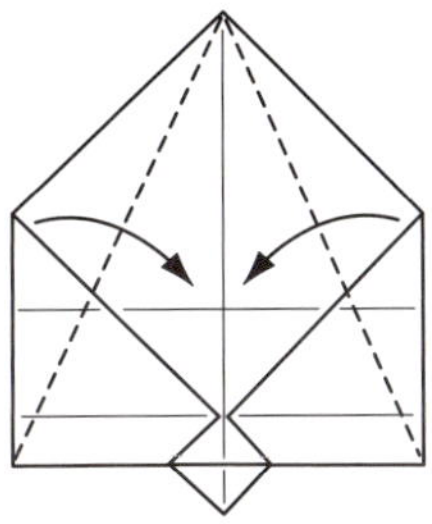

9

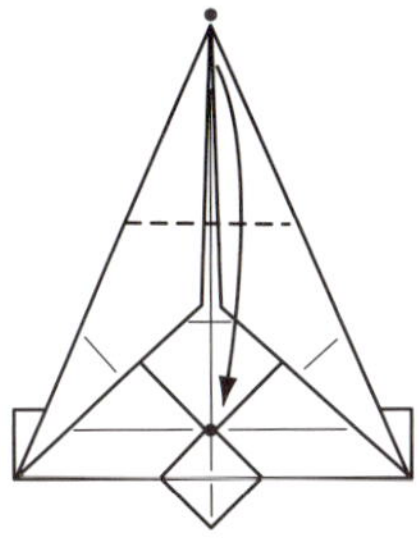

10

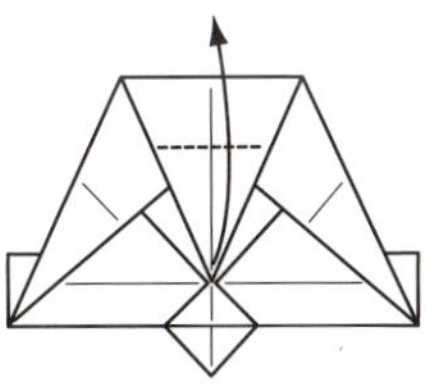

11

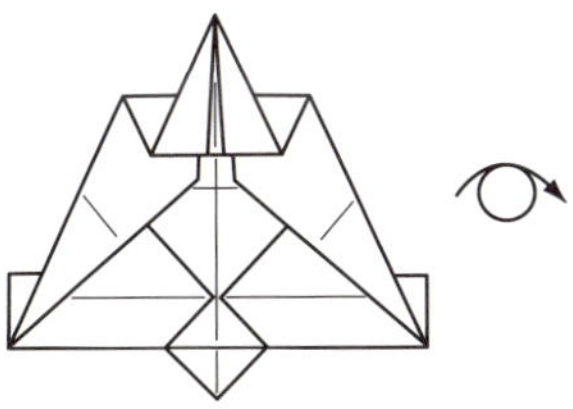

12

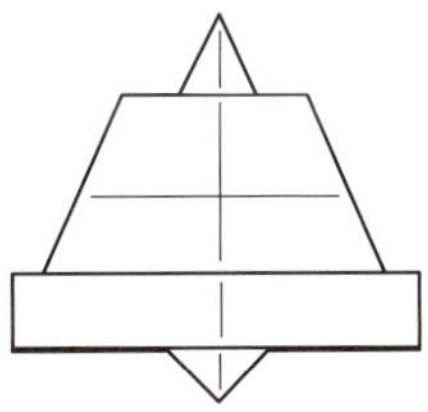

13

Lichter

Material

- Je 2 Seidenraupen-Transparentpapiere, z. B. in Hellgelb + Hellgrün; Pink + Orange; Hellgrün + Orange; 20 x 20 cm

Schwierigkeitsgrad

**

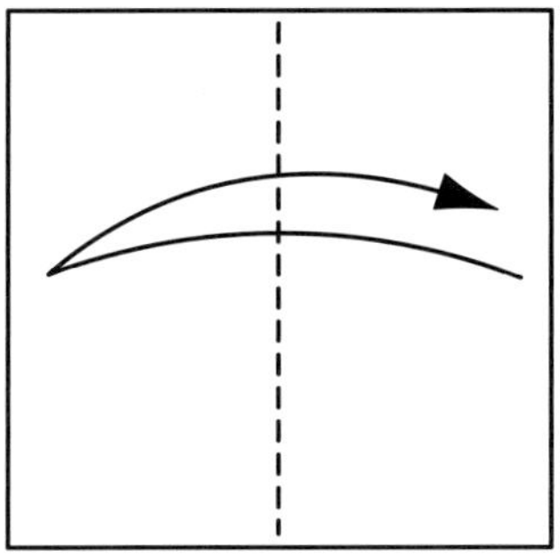

1

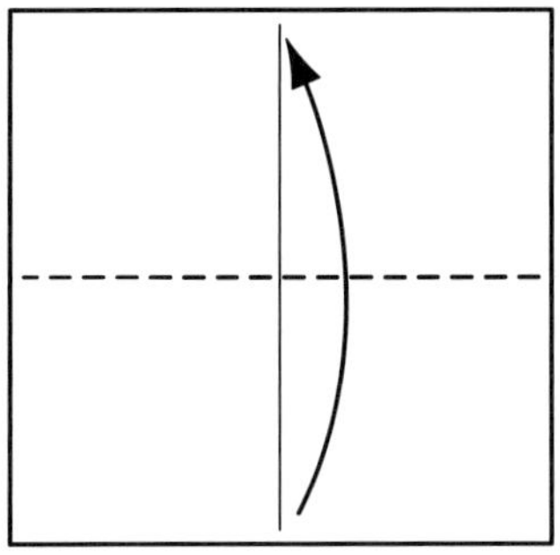

2

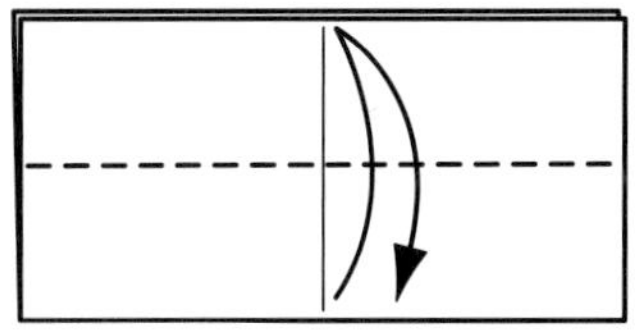

3

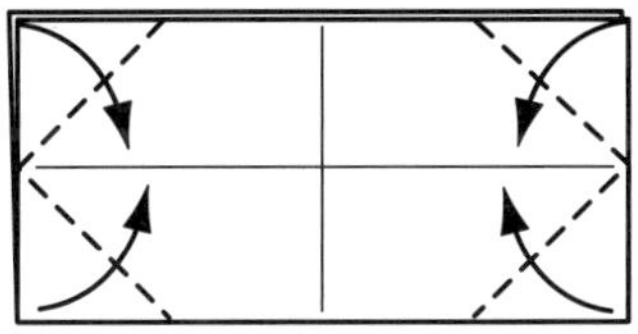

4 *Obere Lagen falten.*

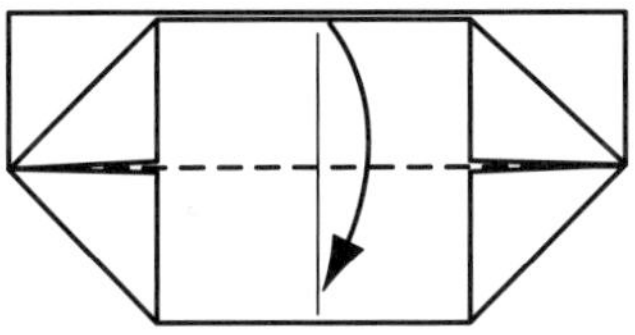

5 *Obere Lage falten.*

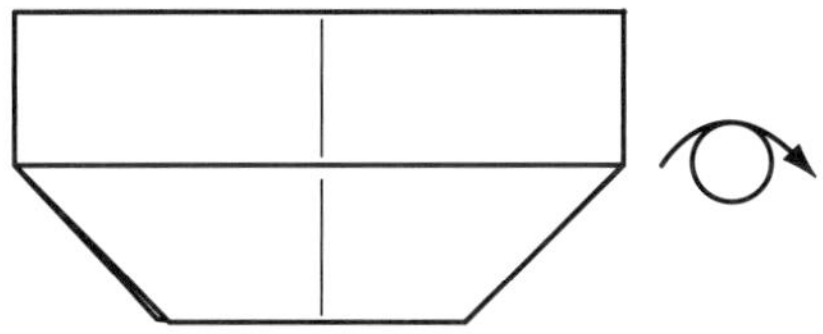

6

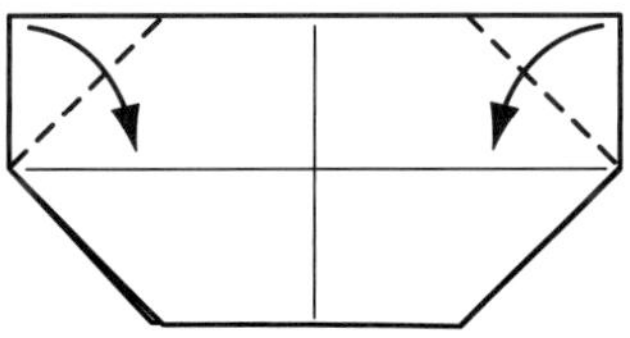

7

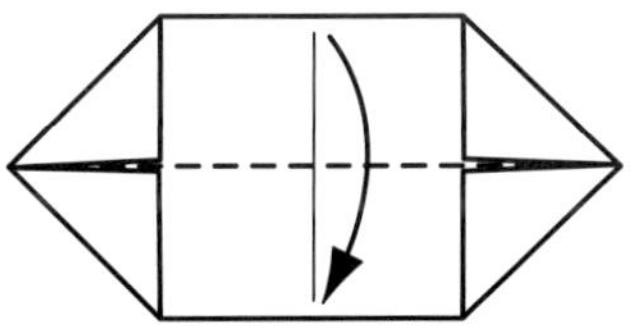

8

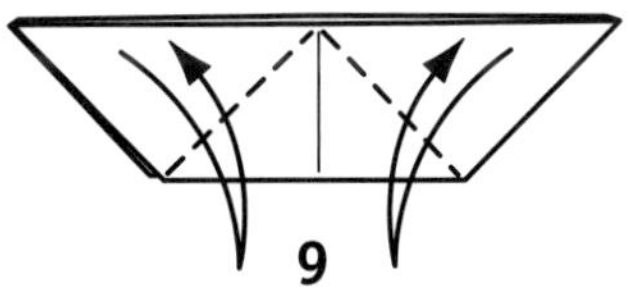

9

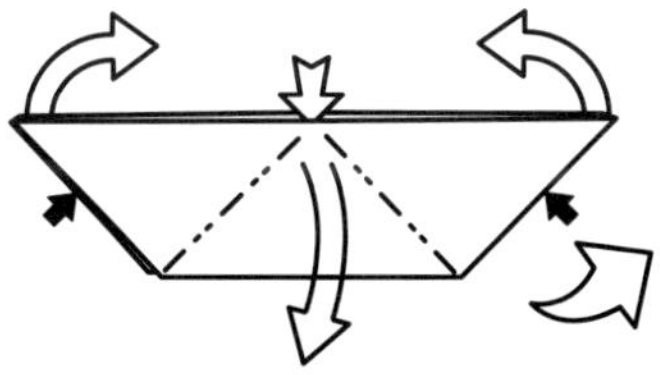

10

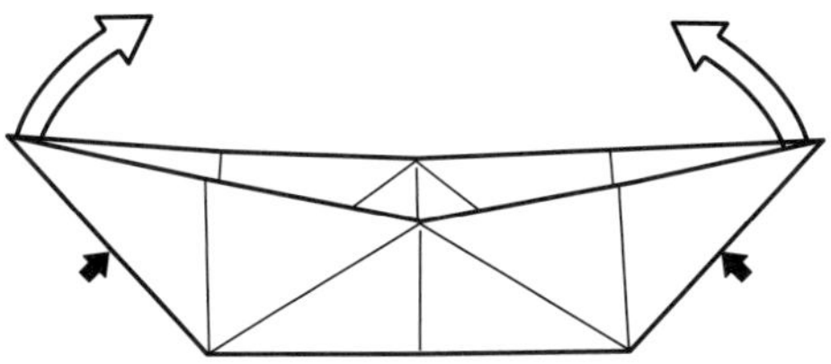

11

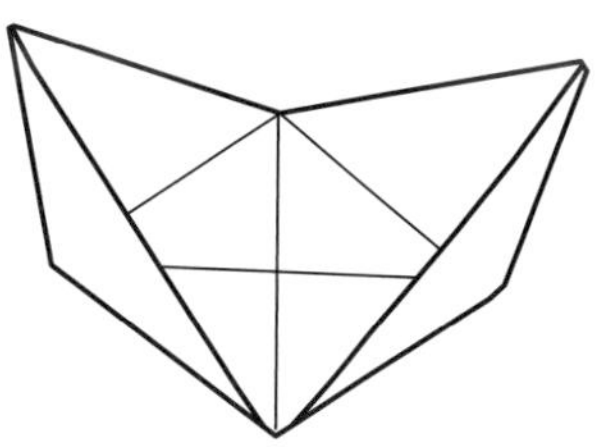

12

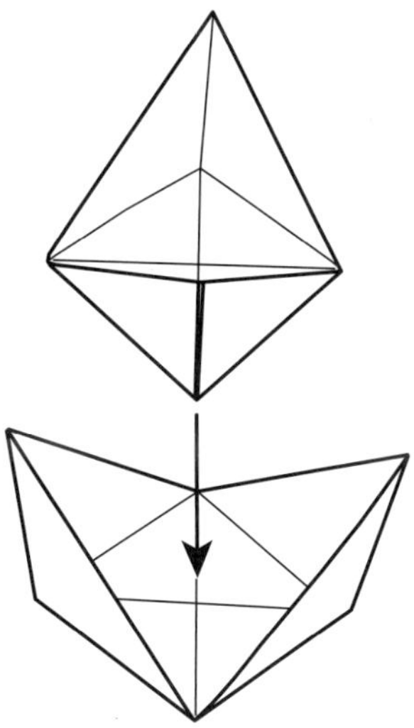

13 *Eine zweite Form falten und beide ineinanderstecken.*

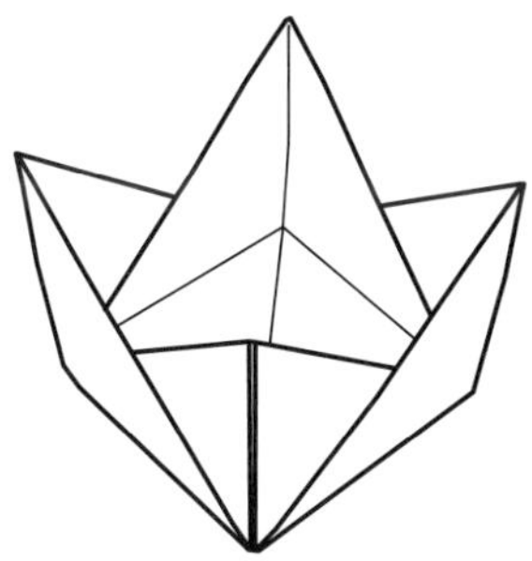

14

Pinguine

Material

Pinguin links

- 2 Origami-Faltblätter, einseitig bedruckt, in Hellgrau, 15 x 15 cm

Pinguin rechts

Origami-Faltblätter einseitig bedruckt, in Hellblau, Orange, 15 x 15 cm

Alle

- Papierreste in Gelb, Weiß
- Klebstoff
- Filzstift in Schwarz
- Korrekturstift in Weiß

Schwierigkeitsgrad

**

Unterkörper

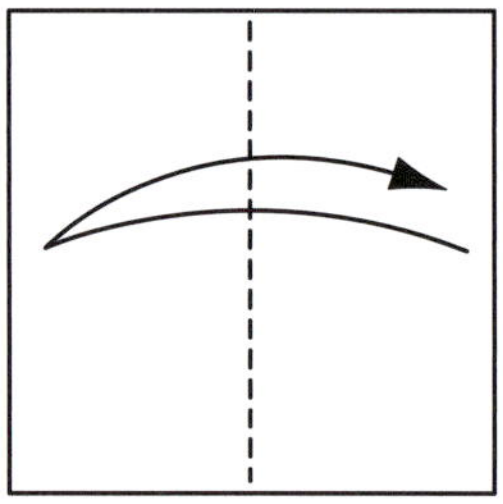

1 *Vorderseite liegt oben.*

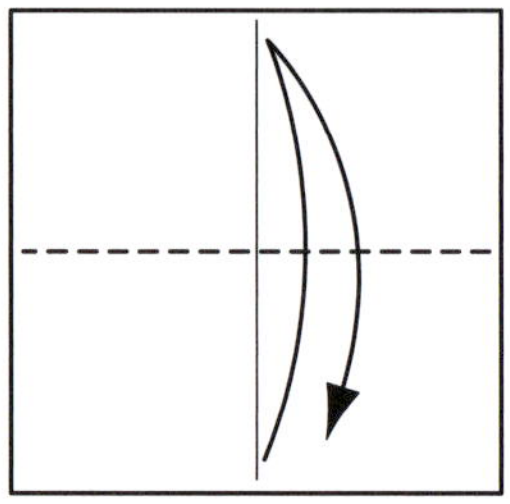

2

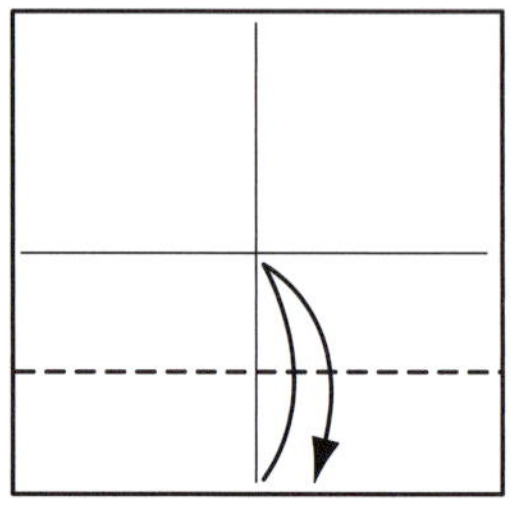

3

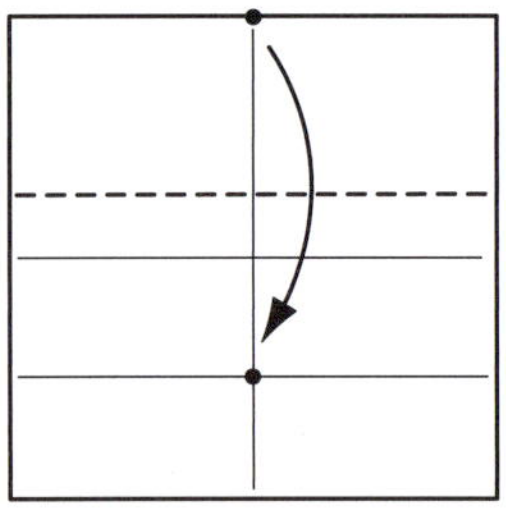

4

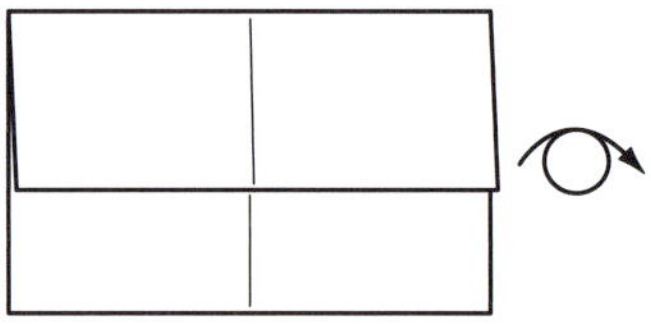

5

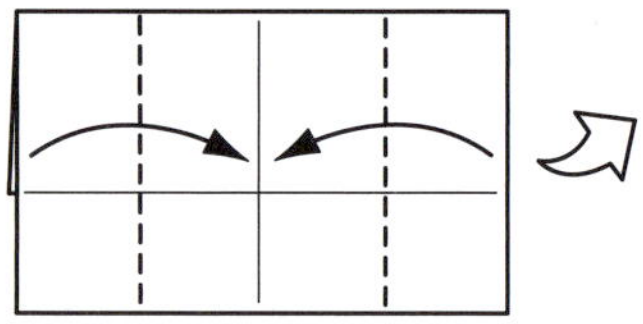

6

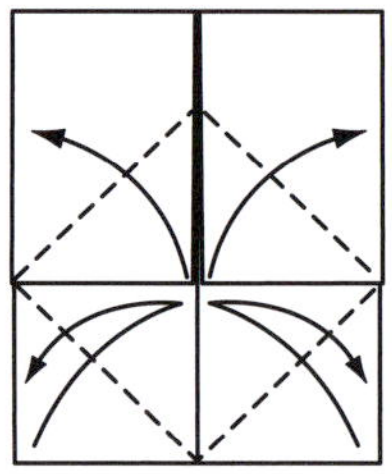

7

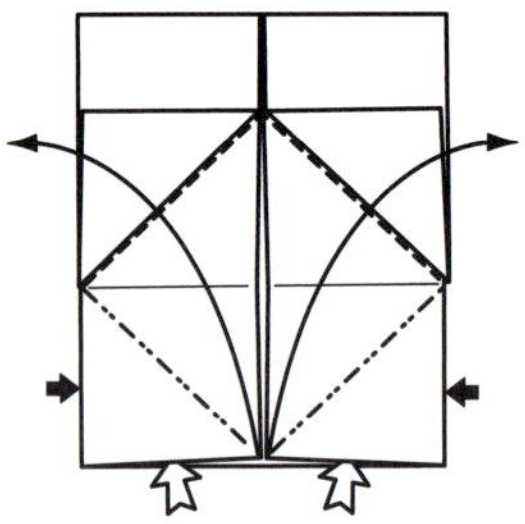

8

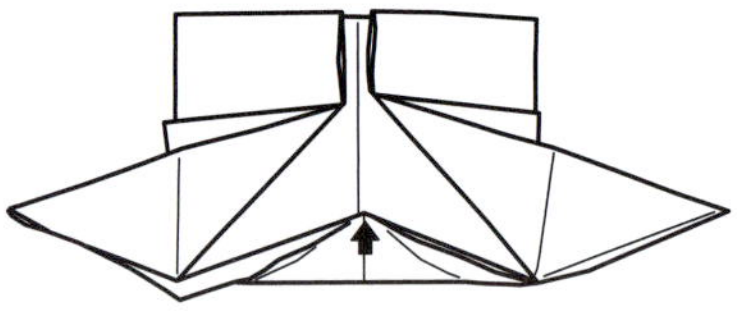

9

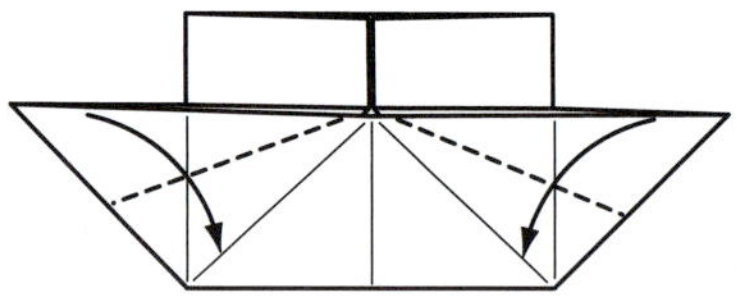

10

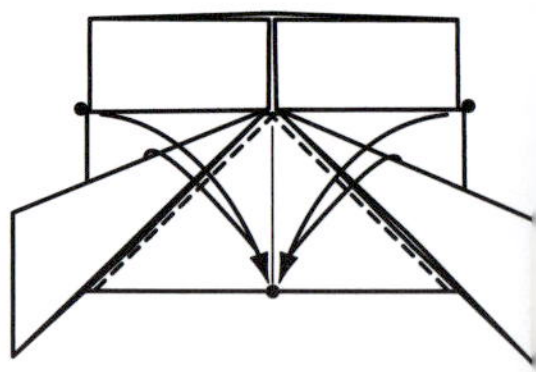

11

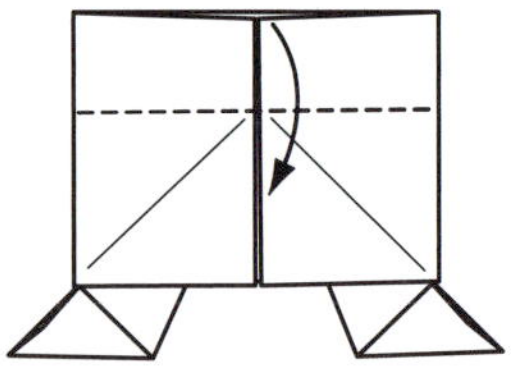

12

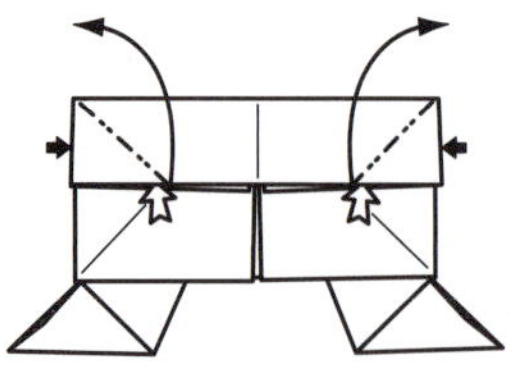

13

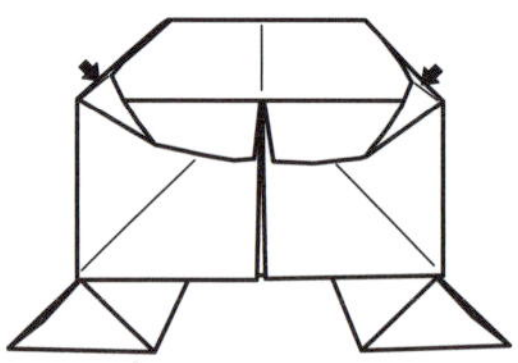

14

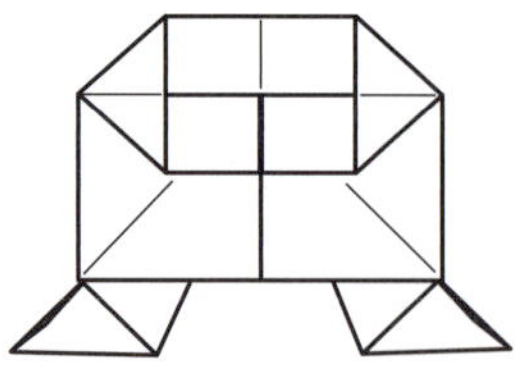

15

Oberkörper

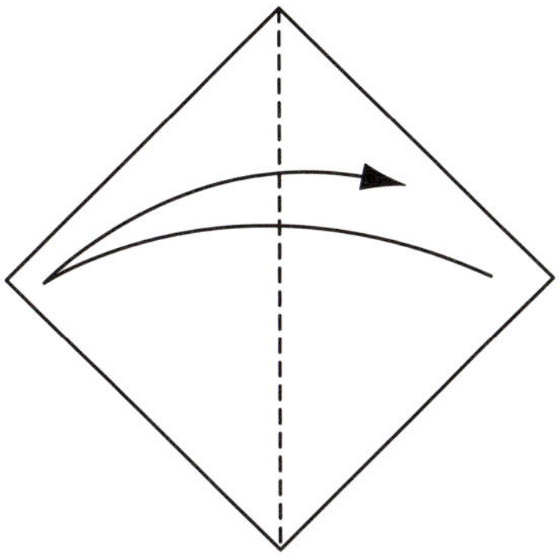

1 *Rückseite liegt oben.*

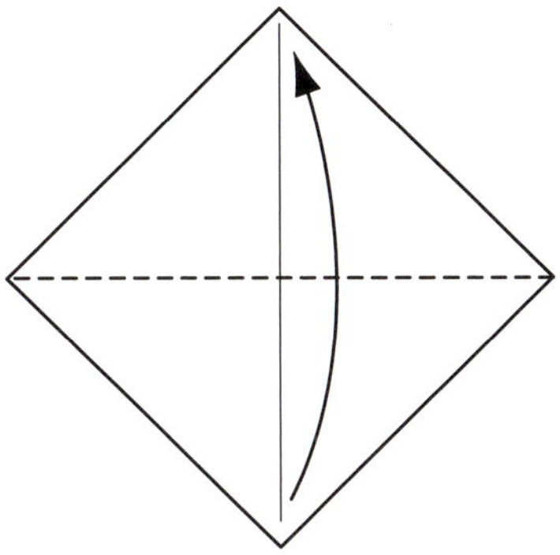

2

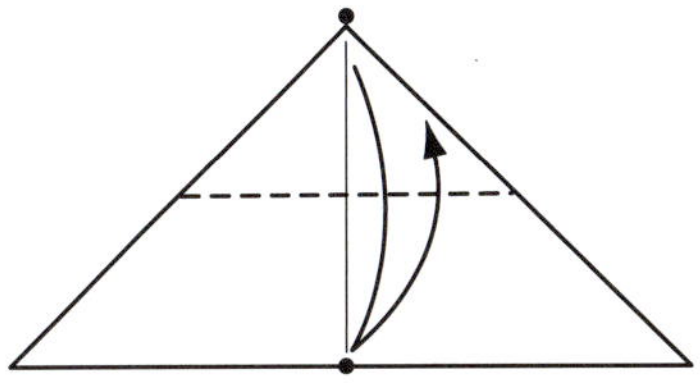

3 *Nur obere Lage falten.*

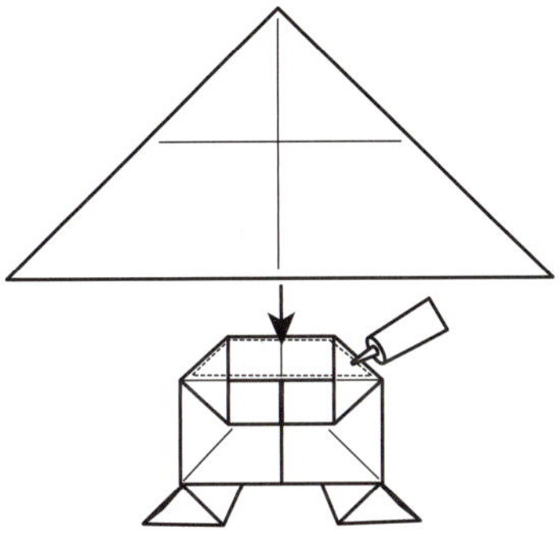

4 *Ober- und Unterkörper zusammensetzen.*

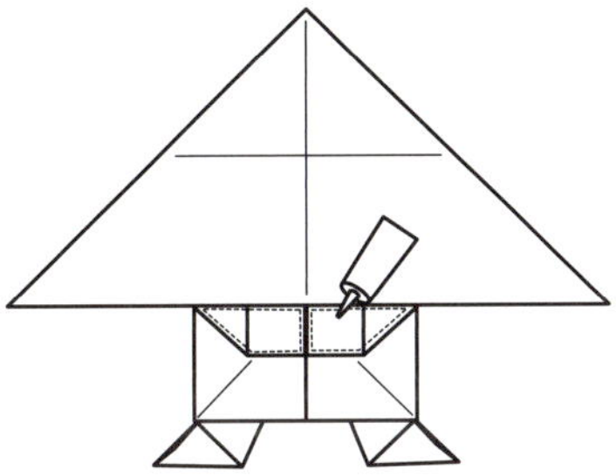

5

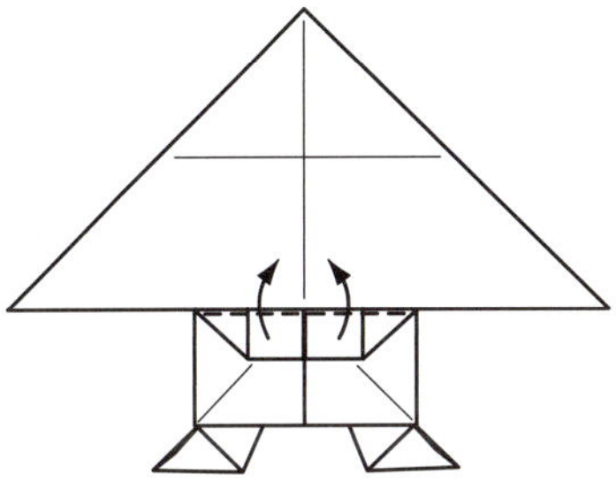

6

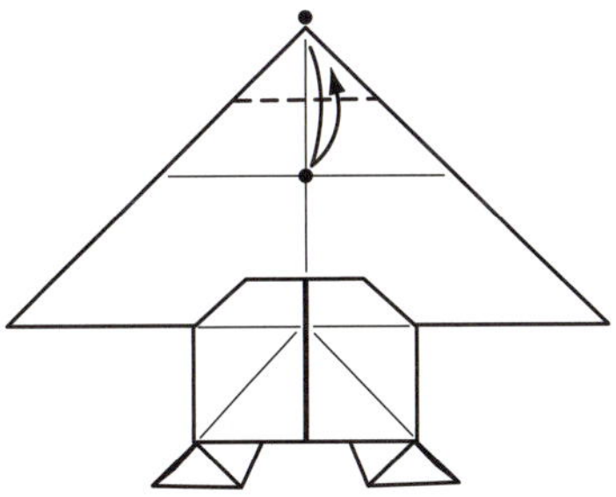

7 *Nur obere Lage falten.*

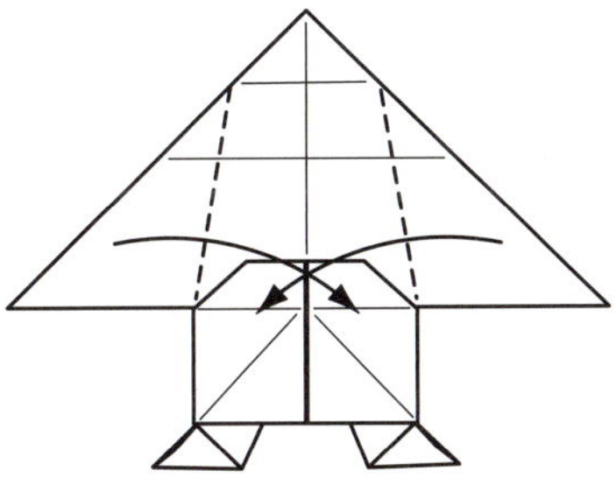

8

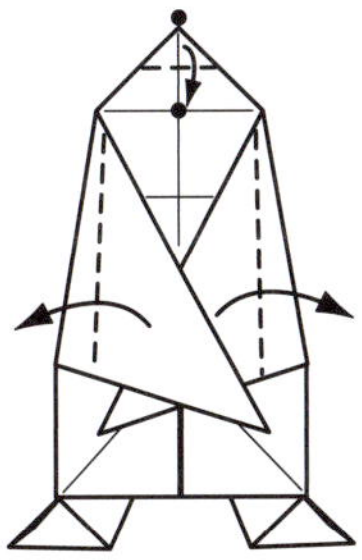

9

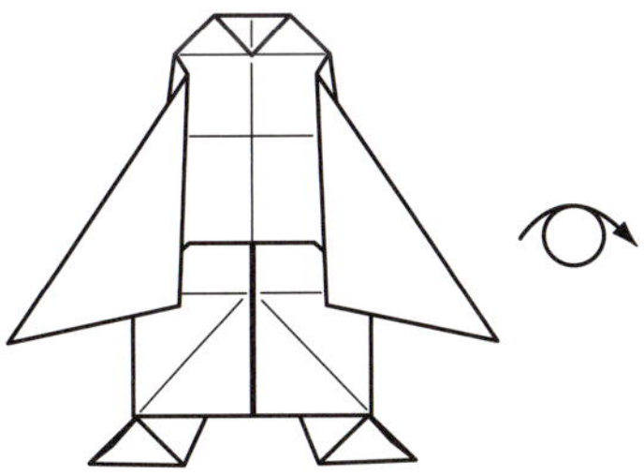

10

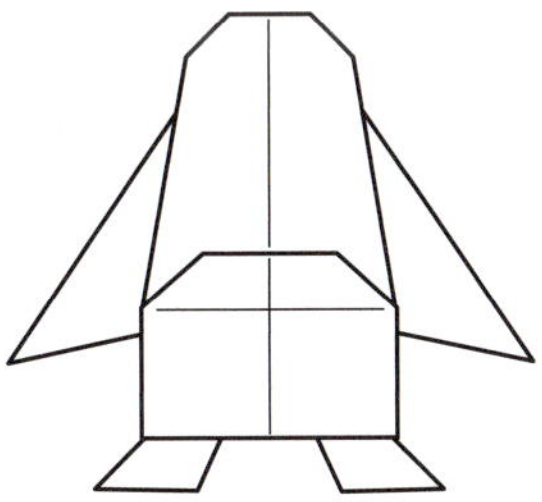

11

12

Impressum

in der Verlag Kreuz GmbH
Postfach 80 06 69
70506 Stuttgart

Printed in Germany
ISBN 978-3-419-53444-1

Fotos:
Christoph Schmotz, Freiburg

Lektorat, Gestaltung & Produktion:
Elke Fox, Freiburg

Layoutentwurf:
Network!, München

Covergestaltung und -realisierung:
art & weise, Freiburg

Druck:
Himmer